鄉賢

周

烈士左伯桃。
烈士羊角哀。
烈士田光。
燕國丞相田饒。
燕王師郭隗。
秦國丞相封綱成君蔡澤。

漢

蒯徹。
常山王太傅韓嬰。
郎中徐樂。
左馮翊韓延壽。
光禄勳太子太傅周堪。
雍奴侯寇恂。
安平侯蓋延。
司隸校尉楊球。
侍中尚書追封良鄉伯盧植。
義士田疇。
車騎將軍領司隸校尉西鄉桓侯張飛。

魏

秘書令都昌康侯平恒。

晉

侍中司空壯武侯張華。

鎮西將軍豫州刺史祖逖。

前燕太尉陽騖。

魏

中書博士盧玄。

高陽太守祖鴻勳。

豫州刺史忠烈成景儁。

太常鄉謹獻盧道將。

隋

尚書左丞盧楚。

唐

新都縣尉盧照隣。

徵士盧鴻。

大理寺少卿司馬蔡廷玉。

司徒南平王威武高崇文。

御史中丞彭城郡公劉怦。

諫議大夫劉蕡。

後晉

侍中王思同。

宋

瀛州團練使張藏英。

後周

諫議大夫竇禹鈞。

宋

階州刺史高彥暉。

太師韓忠獻王趙普。

右僕射惠安宋琪。

尚書左丞呂餘慶。

太尉高瓊。

同平章事正惠呂端。

樞密副使馬知節。

康節先生邵雍。

保康軍節度使張世傑。

遼

左丞相韓王張儉。

金

隱士王師揚。

金　元丞相韓王宗翰。

元

　　保東軍節度使東世榮。
　　東韓先生昭衍。
　　副密唱使思明諤。
　　同平章事王惠呂謂。
　　太傷高顗。
　　尚書左丞呂繪變。

［東照］順天府志　卷八十　五五八

　　右僕懷惠哀宋其。
　　太帥韓忠爛王雌普。
　　劉州陳史高意輝。

宋　蘇藉大夫寶离途。

晉　圖國
　　高州園熟刺乘蘋英。

宋　尚中王思同。

晉

元

布衣何失。

處士江漢先生趙復。

明

禮部侍郎兼學士董倫。

禮部侍郎李嘉。

工部尚書甄庸。

户部尚書劉中敷。

禮部尚書興濟侯忠敏楊善。

贈嘉議大夫太常寺卿文肅岳正。

少師大學士文正李東陽。

都察院僉都御史李儀。

禮部右侍郎趙永。

代府長史高璧。

巡撫保定右副都御史恪愍楊守謙。

陝西兵備道副使劉效祖。

兵部武庫司主司沈瑶。

陝西静寧州知州周國賢。

杜國少師中極殿大學士贈太師文端方從哲。

湖廣黄平州知州史應元。

中憲大夫貴州貴陽府知府郭九圍。

錦衣衛掌衛事都指揮使駱思恭。

敕謚忠烈明駙馬都尉鞏永固。

巡撫宣府等處都察院右僉都御史朱之馮。

敕謚「忠潔」明兵部車駕司主事金鉉。

榮禄大夫錦衣衛管衛事中軍都督府都督同知羅光裕。

國朝

皇清誥授光禄大夫太子太保都察院右副都御史吏部左侍郎孫承澤。

皇清太子太保禮部尚書文貞王崇簡。

理學

宋

邵雍　字堯夫，范陽人。高明英邁，於書無所不讀，及見李之才，聞性命之學，遂探賾索隱，洞見天地運化，古今事變。遂行伏羲先天之旨，著《皇極經世》諸書，程顥稱之，目堯夫内聖外王之學也。卒，賜謚「康節」先生，從祀孔子廟庭。

張九成　字子韶，范陽人。從二程學，有《論語》、《中庸》、《書》經解。紹興初，狀元及第，官至侍講，贈太師、崇國公，謚文忠。

元

趙復　德安人，元太子征江南，得之，遂與北上，居大都。楊惟中請建太極書院，進復爲師。復録程朱書以教學生，河朔間知道學，人稱「江漢先生」。

劉因　容城人。隱居房山，教授生徒。元召爲右贊善大夫，丁母艱，歸里。屢徵不起，所著有《四書精要》、《易繫辭説》數百卷，及《靜修

[注一]「朱」字下，脱一「傳」字。

集》，謚文靖。

明

朱之馮 字德士，大興人。天啓乙丑進士，授户曹，榷河西務關，却羨金，不禮魏閹之爪牙督漕者，人以氣節高之。丁外艱，閉户讀性理諸書，毅然以聖賢爲可學。遭母喪，盧墓泣血三年。著《在疚記》。後遷平陽巡道，繼撫宣府。流寇陷城，從容就義。其有志聖賢，於此可見矣。事業詳《忠貞集》中。

金鉉 字伯玉，宛平人。敦敏博古。天啓丁卯解元，戊辰進士。授工部主事，迨閑居十三載，研究理學，惟與諸弟討論，他人不得窺其奥也。

國朝

孫承澤 字耳伯，順天人。明崇禎辛未進士。令陳留、祥符，課最，徵入刑科給事中。甲申，闖賊陷都，乃自經，傭書者救之，繼服片腦，及嘔出，繼赴井，乃爲僕救。世祖章皇帝定鼎，執政列其名，遂補吏科都給事中，歷升至吏部左侍郎。直以進賢退不肖爲己任。居二年，以病乞休，築室西山，即所謂退谷也。學詣純粹，論述甚多，如《孔易傳義合闡》、《尚書集解》、《禹貢考》、《詩經朱翼》、[注一]《春秋程傳補》、《儀禮經傳合解》、《歷代史翼》、《典制紀略》，考正王陽明所輯《朱子晚年論定》。其餘難悉載耳。家居二十餘年，卒年八十三，所著奏疏、詩文，别爲《研山齋集》若干卷，行世。從祀鄉賢。

忠貞

隋

盧楚 范陽人。性鯁直，有才略，仕至尚書左丞，與元文都同心輔政。及王世充作亂，皇甫無逸斬關逃難，呼楚同遁，楚曰：「僕與元公有約，同死社稷，義不可去。」遂遇害。

唐

南霽雲 范陽人。天寶末，禄山反，張巡守睢陽，圍急，霽雲冒圍出，見賀蘭進明，進明觀望不救，且愛其勇壯，具食進之。霽雲不食，曰：「睢陽士不粒食已彌月矣，今主將之命不達，請置一指示信，歸報中丞也。」因拔佩刀，斷一指，舉座大驚。霽雲即出城，抽矢射佛寺浮圖，曰：「吾歸破賊，即滅賀蘭，此矢所以志也。」後睢陽城陷，巡呼曰：「南八，男兒死爾，不可爲不義屈。」霽雲笑曰：「公知我者，敢不死。」遂遇害。後贈揚州大都督，謚忠壯。宣帝時，圖像凌烟閣。

五代

王思聞 幽州人。後唐明宗時爲京兆尹、西京留守。潞王從珂叛，檄諸郡，思聞執其使。後爲從珂所執，責曰：「罪可逃乎？」思聞曰：「非不

知從王得生，恐死不能見先帝於地下。」從珂愧，竟害之。

宋

高彥暉 漁陽人。仕周爲耀、階二州刺史。太祖時，從王師伐蜀，爲歸州路先鋒。全師雄作亂，彥暉討之，力戰而死。太祖聞而痛惜之。

張世傑 范陽人。少從張柔戍杞，有罪，遂奔宋。呂文德召爲小校，累官至保康軍節度使。知平江，召入衛。迨元兵攻崖山，陸秀夫抱衛王投水死，世傑以小舟奉楊太后脫去，欲求趙氏立之，遇颶風，世傑抑天呼曰：「天不欲存趙祀，則風覆吾舟。」舟遂覆。

遼

韓紹勛 東安人。任東京户部，會大延林叛，被執，不屈，賊以鋸解之而死。

張弘綱 〔注一〕東安人。仕遼爲昭遠將軍，從父禧征戰有功，討八百媳婦，力戰而歿，謚忠武。

金

張天綱 霸州人。以骨鯁聞。從哀宗遷蔡，蔡城破，爲宋所獲，檻車迫書供狀。天綱曰：「殺即殺矣，焉用狀爲。」

傅霖 玉田人。第進士，累官至崇義軍節度副使，行部臨潢，遇敵戰歿。子輔之，亦第進士，授熒陽令。元兵壓境，抗節不屈死。

馬肩龍 宛平人。在太學，嘗辯名將從坦殺人之冤，時論義之。後德順受圍，州將假肩龍鳳翔判官、守禦一委任之。受攻百日，食盡乃陷，遂遇害。祀褒忠廟。

王毅 大興人。第經義進士，累官東明令。貞祐末，東明圍急，投率民兵拒守，城破抗戰，力窮被執，厲聲不屈而死。

明

張斌 洪武間密雲後衛都指揮僉事。創建衛所，修築城池，尋以進征陷於敵，不屈死之。

杜奇 北平人。靖難兵初起，欲廣置羽翼，令舉賢民方正，有司以名上，奇極諫當守臣節，王怒，立斬之，并族其家。

黄綬 平谷人。洪武時，以奇童召見，命送國子監讀書。舉宣德進士，拜御史。抗顏直諫。時英宗北征，綬疏言：「陛下奈何以祖宗付托之身，親犯危機乎。不報。」土木之變，奮節死之。

吴瑾 嗣父爵爲恭順侯。其父克終歿於土木之難。天順初，石亨恃功驕横，上頗疑之，瑾侍英宗，登翔鳳樓，望見石亨第壯麗，以問諸臣，

〔注一〕張弘綱非遼代人，爲元代人。

瑾獨對曰：「此必王府，不然何僭擬若此。」英宗愈疑。時曹欽之亂，瑾知其謀，詣長安門告變，內廷始得縛吉祥，且爲備。瑾同諸將分道擊欽，戰於東華門，爲欽所害。贈涼國公，謚忠壯，與世券。

高甲 順天人。錦衣右所千户。流寇之難，同妻許氏、子媳王氏、弟婦劉氏、女及姪女共六人，同縊死。

馮傑 涿州人。成化丁未進士，由知縣歷四川副使。值流賊作亂，率兵奮擊，屢致克捷，軍聲大振。已復深入賊巢，陷陣死。事聞，贈按察使，立祠祀之。

劉志高 密雲後衛千户。嘉靖二十九年，率衆禦敵，斬獲甚多，力不敵，戰死。

孫祖壽 號祝廷，昌平衛指揮。慷慨好學，年十五，補庠生，以世爵中萬曆甲辰武進士。歷任薊鎮游擊。巡撫劉昌梧數與談兵，較騎射，乃嘆曰：「真文武才也。」以其屢立戰功，累升薊鎮總兵。後以殁於王事，賜祭贈，謚「忠介」，蔭其子。元配張氏，嘗割股療夫病。張殁，祖壽義不娶，有司奏聞，又賜祭。倪元璐挽以詩曰：「半生清夢耽孤館，一片忠魂繞戰場。」

曹鳴雷 大興人。萬曆癸丑武進士。歷任河南參將，升山西老營堡副總兵。功在地方，祀入名宦，後任保定總兵。與弟鳴鶚同以忠勇著聲。鳴鶚

爲河南道中軍守備，嘗以所部兵五百剿殺流賊數千，賊切齒，糾黨數萬，圍鶚於趙寨。鶚血戰數晝夜，矢盡馬踣。猶裹創步鬥，賊誘降，不屈，噴血怒駡賊，乃攢殺支解之。

馬象乾 宛平人。甲子舉人。甲申，流賊陷城，全家縊死。

朱之馮 原名之裔，號勉齋，大興人。天啓乙丑進士，由户曹歷任山東副憲，分巡河東道。壬午，流賊事亟，上命廷臣各舉知兵者，衆推之馮，命以右僉都御史巡撫宣府。兵以缺餉嘩，縛司餉主事，之馮借資給餉，執首惡七人斬之，事賴以定。甲申正月，流賊入晉，露宿城頭，分兵控扼險要。三月朔，大同逆鎮姜瓖降賊，宣人震撼，之馮集文武紳衿於城樓，設明太祖位，歃血誓守。檢署中，僅朱服一襲，付中軍官曰：「脱有不幸，用以裹我。」監視內臣杜勳、總兵王承印已潛款賊。勳以迎降誘，之馮大駡。俄賊薄城，率兵擊賊，叛監等開南門迎賊入，之馮命轉炮內擊，左右環泣，擁之行。之馮曰：「離此一步，無死所矣。」遂登北城樓，易朱服，南望九叩，付遺疏并遺子書與提塘官，從容自縊死。宣鎮軍民建祠祀之，從入順天府學鄉賢。

張養所 以軍功世官京師。性行純謹，博學能文，中天啓時武進士。父忤魏璫，父子俱罷斥。及崇禎間，詔用之。歷官至錦衣衛指揮使，恪盡厥職。甲申之變，賊執不屈，死之。

劉文炳 孝純皇太后之弟，封新樂侯。太后薨時，崇禎甫四齡，及御極，思慕不置。文炳母徐氏尚在，因遣武英殿中書赴其第，繪太后像成，

徐氏以爲似，命捧安寶輿中，導以鹵簿駕儀，上率百官拜迎入宫，百姓聚觀，咸呼天子仁孝。甲申十九日，流寇破城，徐年九十一，挺身赴井，嫡脉男婦從死者十六人。文炳以土掩之，父都督繼祖、弟都督文耀，登樓焚死。文炳乃自縊。

金鉉 字伯玉，宛平人。崇禎戊辰進士。任工部主事，督理軍器。内官張彝憲總理户工兩部，凡司屬謁見，合照部堂體制，鉉獨抗禮不屈，疏糾至再，請罷彝憲。憲乃隱中鉉，奪其職，家食十三年。鍵户讀書，率諸弟精研理學，日以天下事爲己憂。鉉父顯名，任汀州知府，卒於丹陽。鉉自京徒跣奔喪，扶柩奉母而北。甲申二月，起補兵部主事，巡視皇城。甫二十餘日，值寇至城破，趨赴皇城，曰：「吾職在此。」遂投御河死。母章氏、妾王氏、弟鋐，俱赴井死。逾月，賊去，鉉袍浮水上，乃得其屍。葬於朝陽關外六里屯。皇清賜謚忠潔，諭祭，從祀鄉賢。

李若璉 字成甫。崇禎元年中武甲，官錦衣。未幾，授北鎮撫司。時爲詔獄要職，若璉明慎平恕，多所矜釋。以忤璫意，降級回衛。甲申賊變，書絶命詞於幾上，自經而死。

成德 懷柔人。少倜儻，有大志。爲諸生時，聞魏忠賢肆虐，每以不能擊除憤憤終日。及讀禓璉二十四罪疏，焚香下拜，曰：「大丈夫當如此矣。」崇禎辛未，成進士，選滋陽令。鯁直特甚，被誣逮問，朝廷知其廉直，釋之。適温體仁當國，德具疏論列罪狀，廷杖發遣。未幾，懷柔城破，德父文桂率其女及德二妾以死。德戍邊七年，癸未冬遇赦，復補如臯令。隨内擢兵部主事。時國勢已不可支，乃捐資勸輸，以助城守。城破，同母及妹俱縊死。順治十年，追恤明末死難諸臣，予祭，謚曰介愍。

王胤懋 字有懷。其先山東人，其父商於霸，遂家焉。懋生而倜儻，有大志。崇禎辛未，成進士，授户部主事，權崇文門稅，有廉聲。擢守太原，繼升寧武道。甲申，流氛猖獗，懋與總兵周遇吉誓衆登陴，竭力拒賊，血戰三晝夜，殲賊尸幾與城平。賊切齒，亦以死攻，炮矢俱罄，遂被執。不屈，賊許以官，懋厲聲大駡，乃遇害。寧武祀名宦，霸州祀鄉賢。

張國光 字伯昭，大興人。崇禎癸酉舉人，授商丘知縣。時流寇久躪中州，竟遣僞官至縣，光執之，立斬以徇。未幾，賊大至，城陷，自縊死。清初，從祀名宦。

房之屏 字楚堅，大興人。崇禎癸酉舉人，仕安邑知縣。流寇縱横，之屏悉力以守。困久無援而破，投井死。

金三聘 字行素，宛平人。嗜學，能文。崇禎丙子，以明經分訓淶水，後遷郟城令。值城破，全家死節。適子旋淶水，得延其嗣。

劉廷訓 字式伯，通州人。博學多才。崇禎丙子，以明經分訓吴橋。時畿南被兵戒嚴，吴橋令謀弃城走，廷訓要止之，率衆以守。凡三月，攻

圍益急，令縋城遁去，廷訓入學舍，屬其稚孫於所善僧隆貴，俄而趨城上，誓衆死守。曰：「守死，逃亦死，曷若守死，爲滿城忠義鬼乎！」痛哭激衆，又守三日夜，身中六矢而死。逾月，其子發棺更殮，面如生，鬚髯奕奕奪舉，士民争哭送之。

李芬芳 房山人。以明經爲武城令。遇有敵警，城守加嚴，數月不懈。及糧匱力疲，城陷被執，不屈而死。

李　耿 字毅侯，順天人。崇禎庚辰進士，壽光知縣。縣被兵甚急，耿悉力禦之，獲賊輒殺而投諸水。城破，耿着朱服，縊死南門樓上。

吴從義 原籍山陰，其祖爲賈京師，遂家焉。少好氣節，爲諸生時，疏參魏忠賢，以是知名。貢入太學。崇禎庚辰，成進士，授長安令。時流賊猖獗，從義城守甚嚴。及城陷，從義神色不變，吏役促令携印出走，從義曰：「城亡與亡，吾將安適。惟死以報國耳。」自投井死。

鞏永固 字洪圖，宛平人。尚樂安公主。永固崇文，雅喜與賢士大夫游。崇禎癸未，召戚畹諸臣至德政殿，言祖制，勳臣駙馬入監讀書，習武經、弓馬。永固獨上疏，請就學。又疏請爲建文加徽號，正祀典。猶稱偉議。甲申三月十九日，流寇陷城，公主柩尚在堂，永固以黄繩系二女於柩前，縱火焚之。因大書「世受國恩，身不可辱」八字，自刎而死。諭祭，入鄉賢祠。

張慶臻 字鳳華，世襲惠安伯。甲申，流寇破京師，謂其子某曰：「吾家世受國恩，惟一死可報爾。小子其避去，以延宗祀。」子某曰：「大人爲臣死忠，兒爲子死孝，庸忍避。」臻乃驅其妻妾登樓，扃以鎖，圍以薪。夜漏下三鼓，命僮僕舉火樓下，父子躍入烈焰中，與妻孥同焚死。順治十年，賜謚，諭祭。

張國維 大興人。崇禎庚辰武進士。授錦衣千户。甲申流賊之變，趨朝被執，不屈死也。

衛時春 世襲宣城伯。流寇之難，闔家投井死。

高文彩 宛平人。錦衣千户。崇禎甲申三月十八日，知流寇破外城，即令妻妾子孫十七人先投繯死，埋於後園，乃衣朝服，自縊而死。

劉一松 宛平人。虎賁右衛世襲指揮。甲申，流賊陷京師，與妻王氏、三幼女闔門縊死。

阮　謙 字存乾，順天庠生。甲申之變，謂其父文相曰：「父食君禄，不可不死。父死，子不可不從。母妻諸人亦不可辱於賊。」父性素剛，深然之。叔文彩亦與同志，一家分縊於室中門内者，男婦九人。

祝洪籙 字芝生，順天府庠生。素負節義。流寇陷城，即集家人，諭以大義，先溺死三歲幼子，勒死七歲幼女，次令長女、兩婢縊死，乃同妻王氏北面再拜，分左右從容自縊死。

徐　燝 順天庠生。甲申流賊陷京師，妻鄔氏、孀嫂及妾、婢六人，闔户焚死。燝抱八歲子亦投火死。

張玉瓚 順天庠生。甲申三月十九日，值流寇變，同妻魏氏投井死。

蔣士忠 順天府庠生。甲申三月十八日，寇變，同妻黃氏投金魚池死。

魏啓元 順天庠生。性不羈，負氣節。甲申，流寇陷都，闔門焚死。

于騰雲 號藍田，大興人。加銜太僕寺丞。流寇破都，誓不順賊，同妻郭氏、妾劉氏縊死。

田大年 宛平人。甲申流寇之變，與妻子闔門焚死。

藺位卿 大興人。府庠生。性嗜學。甲申流寇之變，自縊書齋中。

藺守義 順天人。夙知大義。甲申，流賊破都，遇賊輒罵，被創而死。妻李氏，前一日投環死，婢從焉。

徐　道 宛平人。京營卒也。夙性直烈，每言，這條性命要交付朝廷。甲申流賊之變，守安定門，先以所蓄衣物散給家人，曰：「我不來矣。」時城上乏食，守卒解體，徐道冒矢擊賊。城破，墜城死。

湯文瓊 靈璧侯。勳官，隸籍京師。甲申之變，身服白小衫，上書「寧作前朝鬼，不作後朝人」，自縊而死。

于進善 固安人。原任知縣。城陷，語妻楊氏曰：「勇不能拒，義難受辱。」自縊死。楊氏相繼縊死。其女、孫女、甥女、孫婦，皆隨而縊死。從祀鄉賢。

李時康 固安人。原任教官。甲申之變，年已七十八，與妻陳氏罵賊，不辱被殺。

國朝

王任杞 大興人。壬午舉人，歷任辰州太守。南寇破城，任杞被執，殺於教場。一門四十口，同日縊死。廕其侄。

張國賢 字良輔，宛平人。崇禎丙子科舉人，官太原寧武關同知。姜瓖叛，城破死之。奉旨褒其忠，廕一子。

袁生芝 良鄉人。丙子舉人。順治初，官商雒道，山寇賀遙期、劉二虎攻商州。逾月，救兵不至。賊聲言，縛獻金總兵出，即退。民役數請於生芝，生芝大聲曰：「若縛獻金鎮，須先殺本道。」乃諄諭大義，堅心死守。城破，生芝父某先於城上拒敵死，生芝自縊，闔門三十二口俱死。廕其侄。

梁　士 字瞿東，順天人。有勇略，以武舉推陝西商雒道中軍。時有巨寇劉二虎犯境上，幸兵出巡，與寇遇於胭脂關下，直前搏之，伏賊出，圍數重，塵戰，矢盡刀折，乃死。兵丁孟玉收其骸，藁葬城下。後二十年，其子之後尋其骸骨，乃得歸葬故土。

張定翬 宛平人。丁卯舉人。新喻知縣。金賊叛逆，城破死之。贈官廕子。

袁　捷字咸孚，大興人。歷官湖廣掌印行都司。順治四年，鄖陽游擊王昌反，刦勒文武附從，遂要捷曰：「若亦武職，吾不忍加害，若肯降，异日富貴共之。」捷曰：「吾頭可斷，志不可屈，恨力不能磔賊以報朝廷耳。」昌怒，殺之。奉旨祭葬，官其子繼善爲知州。

王　辛字介然，大興人。順治己丑進士。任天長知縣。己亥，海寇入犯，江南州縣多不守。辛獨倡義捍禦，不屈而死。蔭其子本晉。

王嘉禎字維周，宛平人。以武會舉，歷任興化府游擊。順治己亥，海賊圍仙游，總鎮以禎勇略敢戰，調援之，累戰皆捷。賊切齒，復傾巢來，禎力戰死。奉旨賜祭葬，蔭其子。

賈　質大興人。癸未武進士。累官江南操標右營游擊。順治十六年，海賊入寇，質汛瓜州，戰死，奉旨官其子宗禎世襲。

胡其俠大興人。丙戌武進士。歷官四川撫標左營游擊。順治十八年正月，川寇猖獗，俠冈汛州，力戰死之。奉旨贈參將，蔭其子鼎重，予世襲。

范承謨字覲公，文程次子。沉毅穎雋，嗜學好文。年十七，充侍衛。順治辛卯，詔許八旗子弟應制科，即於壬辰放進士，改庶吉士。歷升國史院學士。康熙戊申，巡撫浙江。性潔介，而經濟素優。凡干謁苞苴，聞風怖絶，民生吏治利弊機宜，洞若觀火。故其種種興革，皆國計民瘼之碩畫。浙人建祠以祀。壬子督閩，留妻子事母，而獨以身往。甫數月，耿精忠反，遂被執，聲義痛罵，唇裂舌嚙。乃械於密室，耿逆遣僞樞密劉秉政就室勸降，承謨舉械撞擊，秉政踉蹌而去。其在密室中，每月朔望，奉曆書一册，披械北向拜跪，罵精忠日不止。著有《畫壁自序》、《武夷曲》。幽擊七百餘日，竟遇害。賊平，閩人建祠以祀。迨盡餘骨歸，上遣內大臣三位、侍衛二十員臨哭。賜汭茗爲奠，又賜祭二次，御製御書《褒忠碑文》，恤贈太子少保、兵部尚書，謚忠貞。蔭其子時崇以知州。

馬雄鎮字錫蕃，遼陽州人，總督江南、江西。鳴珮之子。順治乙未，以任子授工部副理事官，歷遷至國史院學士。康熙九年，巡撫廣西。甲寅，孫延齡叛應吴逆，逼令易服繳篆，雄鎮望闕再拜，入室投繯，爲家人救免。會人自提鎮還報，云已與總督會師，幸少待，乃先密疏馳聞，繼遣長子世濟齎疏詣闕，請兵，繼遣家孫國禎，繼遣次子世永，皆乘夜穴垣赴京告急。孫逆偵知之，遂執而并籍其男婦四十餘人，囚之別室。雄鎮抗聲大罵，絶食數日，不死。坐卧一室几四載。迨逆賊吴世琮誘殺延齡，即將雄鎮拘入賊營，痛詈觸怒，遂同二子、九僕一時遇害。妻妾、婦女次第自經。輿櫬既歸，賜祭葬。御筆題隧道，恤贈太子少保、兵部尚書，謚文毅。官其長子世濟以大理寺少卿。

陳啓泰字大來，蓋州人。順治初，以明經考授滑令。適流寇繹騷，挺身戰，散其黨，他邑有警，亦每率旅冲堅，輿論推爲周之吉甫者輩。壬辰，升御史。甲午，轉蘇松糧道，力易民兑爲官兑，至今便之。康熙癸卯，守巡漳南。己酉，題補巡海南，仍駐漳州，積盗爲之一空。甲寅，耿精忠反，乃見同舟皆吴越，曰此吾正命期也。妾姬十六人、幼女三，次第雉經畢，妻劉氏亦自經，於是啓泰遂端服北向，拜叩，懷印負敕，亦自經。恤贈工部右侍郎，官其子汝器以右通政。

功業

周

郭隗 燕昭王欲致天下士，隗進曰：「王必欲致士，先從隗始，况賢於隗者，豈遠千里哉。」昭王築宫，師事之，士爭趨燕。

漢

趙廣漢 字子都，涿州人。少爲郡吏，以廉潔通敏稱。舉茂才，遷京輔都尉，守京兆尹。昌邑王淫亂，與霍光共定大計，安社稷。賜爵關内侯，〔注一〕遷潁川太守，誅大姓原褚，郡中震栗。廣漢聰明，善鉤鉅，盜賊屏息。後卒，百姓追思之。

韓延壽 燕人。歷守淮陽、潁川、東郡。所至必聘禮賢士，議修學官、鄉射之事。教民以禮讓，郡中化之。

王尊 涿郡人。少孤，牧羊竊學問，能史書。年十三爲獄小吏，舉直言，起家爲卿。撥劇整亂，誅暴禁邪，威震郡中。雖數廢黜，終以勇節自持，天子賜金嘉之。官至京兆尹、光禄大夫。

東漢

寇恂 字子翼，上谷昌平人。光武拜河内太守，轉運給足軍餉，封雍奴侯。恂經明行修，所得秩俸，樂施故舊，時人稱其長者。卒，圖形雲臺。

蓋延 漁陽要陽人。始歷州郡從事，所在稱職。歸光武，平河北，破劉永，擊蘇茂，討龐萌，走董憲，所向克捷。累功封安平侯，食萬户。卒，圖形雲臺。

王梁 要陽人。初爲郡吏，彭寵以梁爲呼孥令。梁與蓋延將兵從光武，拜偏將軍，後擢大司空。擊赤眉有功，入拜河南尹，封高阜成侯。〔注二〕

陽球 武清人。舉孝廉，補尚書侍郎，閑於政事，章奏爲臺閣所重。遷司隸校尉，時中常侍王甫等奸惡弄權，球奏收誅甫等，磔甫尸於夏城門，權豪爲之奪氣。

三國

張飛 字翼德，范陽人。與先主恩同兄弟。曹操嘗追先主於當陽，甚急，飛將三十騎拒後，據水斷橋，遂得免。飛雄猛絶倫，號萬人敵。卒，謚桓侯。

程普 北平土垠人。初爲州郡吏，有計略，善應對。從孫堅征董卓。堅死，從孫策。拔盧江，下秣陵，遂爲吴郡都尉，遷零陵太守。策卒，輔孫權討平不服，官至蕩寇將軍。

〔注一〕「侯」，原本爲「候」字，據上下文意改。

〔注二〕《後漢書》卷五二記：王樑「定封阜成侯」，「高」似衍文。「成」原本誤作「城」。

簡雍 涿郡人。性跌宕，風儀優游。少與昭烈善，拜昭德將軍。

徐邈 薊人。魏文帝時，歷平陽、安平太守，所在著稱。後爲涼州刺史，風化大行。遷司隸校尉，百僚敬憚，拜司空。卒，謚穆侯。

晉

張華 字茂先，范陽方城人。初未知名，作《鷦鷯賦》以自寄，文學才識，名重朝野。贊伐吴功成，封廣武侯。儀禮憲章，多所損益，一時詔誥，皆其草定。進爲侍中，盡忠帝室，彌縫遺闕，與賈模、裴頠同心輔政。所著有《博物志》。

祖逖 字士雅，范陽人。少孤，性豁蕩，慷慨有志節。博覽書記，與劉琨善，夜聞鷄鳴起舞。率親党數百家，避地淮泗。元帝擢爲徐州刺史，尋以逖爲奮威將軍，領兵渡江，中流擊楫曰：「不清中原而復濟者，有如此大江。」

南北朝

高閭 漁陽人。博通經史，下筆成章。仕魏，自中書侍郎爲中書令。凡詔、令、頌、贊，皆出其手。

張緬 字元長，方城人。齊永元末年，始十歲，父弘策從梁武向西遇害。服闋，起家秘書郎，歷升至御史中丞，推繩無所顧望。遷侍中，

未任，卒，贈加貞威將軍。

陽休 玉田人。少勤學，事魏莊帝，與魏收同修國史。孝昭訪以治理，休以明賞罰、慎官方、禁淫侈、恤民患爲政教之先。帝深納之。歷吏部尚書，用才俱先人望，能薦賢，全友誼。著有《文集》四十卷。

平鑒 薊人。少聰敏，有豪俠氣。以功累遷襄州刺史。齊神武初，遷懷州，築城以防寇。城内井竭，鑒衣冠祝之，泉涌溢。卒，贈司空，謚曰文子。〔注一〕

張曜 上谷昌平人。仕北齊，以清白稱。歷官尚書右丞，禄賜輒散宗族。好讀《左傳》。卒，贈右僕射，謚「貞簡」。

盧辯 涿州人。博通經籍，後周舉秀才，〔注二〕爲太學博士。注《大戴禮》，遷太子少保。朝廷憲章，辯規畫創制，悉合軌度。

周惠達 文安人。後周〔注三〕文帝時，累進爵爲公，草創禮樂，損益舊章，居顯而謙，爲當時所重。

隋

慕容三藏 燕人。聰明有武略，仕廓州。州人逃逸，三藏招納撫綏。漢王諒反，抗節不從。

〔注一〕據《北史》本傳，謚曰文，此處「子」字爲衍。

〔注二〕〔注三〕此二處「後周」當即「北周」。

〔注一〕據《新唐書》本傳，原本「叛」字誤爲「判」字。

〔注二〕據《新唐書》本傳，「汝州禦使」當爲「汝州防禦使」。

〔注三〕據《新唐書》本傳，「雄武軍」當爲「雄武軍使」。

盧昌衡 涿人。沈静有才識，博涉經史。開皇初，以祠部侍郎出爲徐州總管長史，甚有能名。吏部尚書蘇威稽其績，曰：「德爲世表，行爲士則。」累遷儀同三司。

盧愷 字子仁，范陽人。性孝友，能屬文，爲吏部侍郎。每有敷奏，侃然正色，人敬憚之。

榮毗 無終人。剛鯁有局量，仕爲殿内監。時華陰多盜，楊素薦毗爲華州刺史。素田宅多在華陰，左右放縱，毗繩以法，無所貸。後爲侍御史，立朝正色。百僚憚之。

唐

張知謇 幽州人。兄弟五人，皆高第。知謇曉吏治，清介有守，公卿争相引重。爲御史，歷十一州刺史，所至有威嚴。中宗復辟，以擁護功，拜左衛將軍，加銀青光禄大夫，封漁陽郡公。

盧藏用 字子潛，幽州范陽人。舉進士，不得調，與兄徵明隱終南山。長安中，召授左拾遺，歷官右丞。後流驩州，會交趾叛，藏用有捍禦功，遷黔州長史，判都督事。精著龜，工草隸、琴奕，士貴其多能云。

盧景亮 字長晦，涿州范陽人。博學，善屬文，舉進士，官右補闕。以直諫名，撰《三足記》。當世公卿服其達古今云。

張説 字道濟，范陽人。徙洛。舉賢良方正，對策第一，官至尚書，拜左丞相，封燕國公。景雲中，帝謂侍臣曰：「術家言，五日内有兵入宫，盍備之？」説曰：「此讒人謀動東宫耳，陛下以太子監國，則名分定，奸膽破矣。」帝如説言。三子皆貴顯。

陳利貞 字朝用，范陽人。初爲平盧將，安禄山亂，從李光弼救張巡，累遷檢校太子賓客，封静戎郡王。從奇舒曜，爲前鋒，破李希烈軍，守襄州，被攻七十日，城竟獲全。張廷芝謀從朱泚叛，〔注一〕利貞麾下亦從爲亂，利貞拔劍，當軍大呼，一軍遂安。德宗嘉之，擢汝州禦使。〔注二〕

劉怦 昌平人。朱滔時，積功至雄武軍。〔注三〕李寶臣襲幽州，怦設方略固守之，城賴以全。

五代

劉審交 幽州人，仕晋，爲三司使。時議檢天下民田以益租，審交曰：「租有定額，比年天下無閑田。」遂止，民賴以不擾。

張藏英 涿人。周世宗詢備邊策，英悉心算畫，遂爲沿邊招討，邊境悉寧。

劇可久 涿人。爲太子庶子，能明法令，與侍御史張湜等删定《刑統》三十卷。尋拜大理少卿，在廷尉四十年，用法平允，以仁恕稱。

〔注一〕據《宋史》本傳，「買人」當爲「賈人」之誤。

宋

趙普 字則平，幽州人。初，太祖兵聚清流關村中，有趙學究往問計，即夜下滁州，受以佐命功，拜門下侍郎、平章事。事太宗，知無不言，當國政草創，制度周悉，無出其右，真社稷臣也。

馬全義 薊人。十餘歲學擊劍，善騎射。初事周，以功累遷殿前指揮使，後從太祖，征李筠，飛矢貫臂，全義拔鏃臨敵，士氣益奮，遂克澤州。後官至江州防禦使。卒，贈檢校太保。

趙贊 燕人。初仕周，累功授保信軍節度，盡去苛政，民便之。太宗立，封衛國公。

呂餘慶 東安人。厚重簡易，能識大體。太祖時，拜給事中，參知政事。蜀平，命知成都。盜賊四起，大將王全斌不能戢。一日，街吏馳報慶，有軍校被酒持刀奪買人物，〔注一〕慶立捕斬之以徇。軍中畏服，民用安堵。

劉審瓊 范陽人。初爲殿直，從太祖平澤、潞，累遷軍器庫使。後知澤州，有便民之政。徙知河陽，年八十，筋力不衰。孫爽，進士第，爲秘閣校理。

董遵誨 范陽人。太祖以西城近邊，俾遵誨守通遠軍，兵民悅服。太祖嘗解龍衣賜之，謂其外弟劉總曰：「遵誨奇才，吾特委以方面。」

呂端 字易直，幽州人。相太宗，持重識大體。太宗崩，真宗初立，垂簾引見群臣，端平立殿下不拜，請捲簾升殿審視，然後降階，率群臣拜。

許驤 薊州人。風骨秀异，十三能文，善詞賦，與呂蒙正齊名。登進士，歷官御史中丞。用法寬恕，時人稱爲仁厚長者。

呂誨 東安人。爲侍御史，識諫諍體。王安石執政，誨首言其不通時事，大用非宜。安石銜之，出知鄧州，時人服其先見。誨三居言職，論列必關大計，直聲震天下。既病，表求致仕，略云：「臣本無宿疾，偶因醫者用術乖方，差之指下，禍延四肢。」蓋以身疾喻國事也。厥議深哉。

遼

韓延徽 安次人。涉獵經史，累官大學士。政事機務，悉令裁决，爲佐命功臣。

室昉 析津人。謹厚篤學。會同初，登進士，累官翰林學士。遼主數召對稱旨，官至左丞相。

韓知古 幽人。善謀，有識量。仕至中書令。時國初禮文疏闊，知古援據古典，參酌國俗，人無异議。

楊績 良鄉人。舉進士，累官南院樞密。遼主嘗召見，論及古今治亂，人臣邪正。績曰：「何代無賢，遇亂世則獨善，遇明主則兼濟。」陛

下銖分邪正，陟黜分明，天下幸也。」後封趙王。

楊佶 析津人。弱冠有名，統和中，舉進士第一。累官翰林學士，至平章事。以進賢爲己任，事總大綱，人人樂用。所著《登瀛集》。

張儉 宛平人。端慤不事外飾。聖宗時，舉進士第一，調雲州幕官。聖宗召訪世務，儉條奏上十餘事。官至太師、中書令，加尚父。

梁斗南 良鄉人。第進士，官河南都運。性穎悟，尤工於詩，長於吏事，能剖繁治劇，時輩服其通敏。

劉伸 宛平人。少以詞翰名，登進士，累官大理卿。奏獄，遼主與近臣語不顧，伸進曰：「自古帝王重民命，願省臣奏。」道宗驚异，拜參知政事。

金

王蔚 香河人。性通敏，曉晰吏事。皇統中進士，調良鄉丞，以治績優等，超拜河東北路轉運使。廉察爲時第一，後以尚書右丞致仕。

閻公貞 宛平人。舉進士，爲朝邑主簿，以廉察陞同知亳州防禦事。累遷翰林院侍讀學士。公貞居大理幾十年，詳審周密，未嘗有過。奉命校定「律令」，人以爲法家祖云。

高昌福 宛平人。辟河南元帥府令史。時宗弼復治汴，嘗獲疑似者，目爲宋諜，殺之。昌福讞得實，釋去甚衆。累遷山東西路轉運使、工部尚書。

巨構 平谷人。第進士，累遷横海軍節度。寬厚廉慎。世宗嘗曰：「巨構外淳質而内明悟，人鮮及者。」

賈少冲 通州人。中天眷二年進士，嘗使宋，宋方有祈請金，主諭以意，少冲曰：「臣有死無辱。」使還，世宗嘉之。遷右諫議大夫。

韓玉 漁陽人。中經義〔注一〕詞賦兩科進士。章宗嘆曰：「勳臣何幸得此。」後建言開潞水漕渠，輸運至都，至今利之。

王倏然 涿州人。第進士，知霸州。性剛毅，臨事果斷，吏民憚其威。累官至户部侍郎。承安間，大興缺知府，金主曰：「可選極有其風力如倏然者爲之。」

元

石天麟 順州人。好學不倦，習諸國書語。初事太宗，爲斷事官，佐耶律楚材，厘正庶務。憲宗時，遣使海都，〔注二〕被拘二十八年，始還。世祖加以官，天麟以奉使無狀，固辭。仕至平章政事。卒，年九十二。追封冀國公，〔注三〕謚忠宣。子珪，官至南臺御史中丞。次子懷都，刑部尚書。

梁曾 燕人。累官淮安路總管。兩使安南國，宣布威德。其君贐以金帛奇貨，悉却不受。還，仕淮安，興學勵俗。其

〔注一〕「義」，原本爲「議」，據《金史》本傳改。

〔注二〕「都」，原本爲「南」，據《元史》本傳改。

〔注三〕「冀」，原本爲「巽」，據《元史》本傳改。

李秉彝 字仲常，通州潞縣人。年二十，爲行省粘合都事，遷員外郎。從世祖伐宋，收書歷卷以還，文風漸起。歷官工部尚書，所在築堤、賑饑、釋俘、讞獄，多著奇績。及爲兩浙轉運使，歸道鎮江，以疾卒。

李德輝 通州人。性孝友，操履清慎。仕太原路總管，凡可阜民者，皆力爲之。後爲安西行省左丞，招降羅施鬼國。及卒，蠻方聞訃，哀哭祭於野，若私親然。

李士瞻 東安人。爲翰林學士，封楚國公。使閩，適海酋擄福州，王師攻之不下。士瞻諭以禍福，酋遂出降。

朱國寶 寶坻人。以功授千户，佩銀符，官至海北海南宣慰使。所至立官程，更弊政，訓兵息民，具有條制。進輔國上將軍、都元帥。

王倚 宛平人。讀書不事章句。世祖選侍東宫，有詔，皇太子裁决天下事。凡時政民瘼，倚知無不言。後拜工部尚書，以疾辭職，給太子家丞禄，優養之。及卒，追封太原郡侯，謚忠肅。

弭禮 房山人。延祐間，僉徽政院事。與同邑張汝楫各捐家資，建儒學，人文蔚起。卒，謚端靖。

宋木 大都人。至治初，進士第一，累官集賢院學士，兼國子祭酒。嘗言朝政之失，詔悉可之。所著有《至治集》。弟褧，泰定初進士，累官翰林直學士，與木齊名。所著有《燕石集》。

王伯勝 文安人。爲遼陽等處行中書省平章政事，治懿州，增郡學弟子員，擇師教之。又度閑田，募人耕種，爲廪餼。召拜大都留守。卒，追封薊國公。

趙師魯 文安人。初補中書省掾，典章法度，無不練習。及典銓選，人服其公。泰定間，拜御史，勸帝修郊廟大禮。卒，謚文清。

明

李慶 順義人。洪武時，由國子生署僉都御史，累官兵部尚書，兼太子少保。安遠侯柳升南征，慶參督軍務，至交趾，卒。慶剛直不畏强御，遇事侃侃争論，人嚴憚之。

劉英 寶坻人。洪武中，爲山西繁峙尹，廉能守法，大得民心。後秩滿，民詣闕請留，詔復任，仍命吏部書政績，曉示天下。

馬俊 豐潤人。正直忠誠，推重鄉里。由進士擢監察御史，改禮科給事中。敢言，不避權要，凡七升七降，不易其介。出使遼東，經本邑，不擾一夫一馬，至今人頌其德。

楊善 字思敬，其先自太原徙大興。少補諸生，性沉敏。年十七，燕王起兵，知善名，授鴻臚。序班累升卿貳。後從英宗至土木，師潰，間行達京師。時年六十有五，以其曉暢軍機，改右副都御史，佐于謙，列營九門外，以衛京師。時英宗在北，需遣大臣通使，善毅然任之。既見也先，隨所問答，悉陳利害，也先爲之傾動，遂以輕騎奉英宗與善歸。遷左都御史。會景帝病革，善同有奪門功，晉封興濟伯，加禮部尚書。卒，謚忠敏。

劉中敷 大興人。永樂兵起，以守城功，授陳留縣丞，累遷江西左參政。所至以愛人稱。正統初，召拜户部尚書。未幾，罷歸。後起爲户部左侍郎，兼太子賓客。卒。

郭登 武定侯英孫也。永樂時，充勳衛，居京師。正統十四年，進都督僉事，副劉安守大同，多戰功。景泰立，封定襄伯。每上疏，多所建明。至天順初，奪爵，尋謫戍甘肅。未幾，召還，充團營總兵。八年，卒，謚忠武。登有文武全才，性至孝，母病，兩割股作羹以進。居喪，哀毁骨立，不肉食、笑語者三年。

李敷 涿州人。永樂中，户部主事，歷官四川布政使。在職廉敏，威惠並行。性剛直，有犯者不少貸。蜀人稱爲「鐵面李」。正統中，召爲吏部左侍郎，以疾卒。

楊鐸 薊州人。由進士授給事中，以言事，出爲知縣。廉明有爲，撫字不倦。歷官廣東參政。

張敏 永清人。宣德中進士，擢工科給事中。在任以勤慎稱。正統末，升工部右侍郎，致仕，卒。

毛勝 其先幽薊人。勝以父蔭，宣德中爲都指揮使。正統以來，累平賊寇，封南寧伯。

韓雍 宛平人。登正統初進士，授御史，歷升兵部右侍郎。坐事，出爲浙江參政，以平廣賊功，升右都御史。卒，謚襄毅。

王復 固安人。正統時進士，歷至通政左參議，復充禮部右侍郎。出迎英宗駕，時論壯之。歸升右通政，累遷兵部尚書。卒，謚莊簡。

袁彬 錦衣校尉。從英宗北狩，備歷艱辛。英宗冬夜畏寒，呼彬煖足，彬中寒，英宗手治麋，壓其背，汗浹乃已。熟羊髀，召與共啖之。英宗復辟，擢彬錦衣都指揮僉事，賜城東第一區，引太液池水通其宅間。召宴對，略用家人禮。指揮門達忌彬，誣受石亨、曹欽諸反者賂，漆工楊塤憤之，擊登聞，上書鳴冤，彬乃得釋。事詳國史。

金純 平谷人。景泰甲戌進士。任刑部侍郎，能勘冤獄。升桂林知府，時猺賊爲亂，官軍會剿，未平。巡按王浩遣純招撫，純至賊壘，諭之曰：「太守親來，撫爾以蘇衆命」。猺皆痛哭，引領聽招。事平，巡按欲奏其功，純力辭，尋進階中憲大夫，再守廣信。會永豐銀礦賊起，純命鄉兵及大姓有力者捕散之，升山西參政。遇旱，邊儲告乏，設法搬運，足備軍用。升右布政使，以疾致仕。

北京畫志叢刊 　[康熙]順天府志　卷八

李東陽 字賓之，金吾衛人。幼號神童。景帝三召見，賜賚甚渥。登天順甲申進士，選庶吉士。成化授編修。弘治時，以禮部右侍郎兼文淵閣大學士，尋受顧命，輔武宗。值逆璫劉瑾擅權，傾害善類，東陽多所保全。太監張永密奏瑾不軌十七事上，夜執瑾逆，永疏至閣，東陽曰：「此聖政也。」援筆擬旨，下瑾極刑。籍瑾家，得交通狀，悉奏毀之。至平巨寇劉六之亂，止邊兵番换之擾。歷事三朝，爲時名相。後乞休，杜門。著有《懷麓堂稿》百餘卷。卒，年七十，贈太師，謚文正。其祠在大僕街，召見時衫履存焉。

田景賢 涿州人。成化乙未進士，授給事中。劾貴戚周壽，廷杖几斃，猶極言不已。尋升通政使參議，查理邊儲，建裁咸切時宜，委曲保全。官歷禮部尚書，掌太常寺。時逆瑾擅國，景賢簡静自持，瑾亦不能加害。

胡諒 字允夫，大興人。成化戊戌進士，授常州府推官。清正自持。入爲御史，按留都，以旱灾陳言，晋秩卿貳。後以工部侍郎終養。多著述，行於世。

梁材 大城人。弘治乙未進士。性嚴正。寧王之亂，材方按察湔中，有削平功。雲南土酋雠殺，六載未定，材至，力爲安戢。召晋户部尚書，司國計數十年，不加賦而用足。時吏治不馴，命材以司農行考察，頗壓時論。又大讞不决，命兼司寇，勘之，稱平允焉。卒，謚端肅。

張襘 字汝吉，平谷人。弘治壬戌進士，授兵科給事中。時逆閹劉瑾擅政，毒害正人，嫉兵部尚書劉大夏，欲構之死。襘申捄，得謫戍。太監段聰侍東宫得幸，乞官其侄，襘上疏力争之。改監察御史，歷升宣府巡撫。留心刑獄，所活幾千人。鎮守保定太監吴經貪横虐民，襘置群黨於法，其勢始斂。武宗西巡，忌襘者以造舟、建宫之事困之。襘上疏，極諫，武宗怒，命執襘左右拷訊，無所得，乃止。後以平妖賊張鉞之亂，錫璽書，賜金幣。嘉靖壬午，卒於官。軍民感德，立祠祀之。家惟閣書數卷而已。弟禴，同時爲御史、都御史，亦有政績，人稱兩難云。

高鏊 字器之，大興人。初受業於醫者徐浦，故又姓徐氏。曾奏藥内廷，授冠帶。值武宗將南巡，鏊借醫切諫，曰：「郊行野食，風雨罷勞，動傷不測。陛下即自輕，奈宗廟何。臣職在調護，失職當死，不言當死，而犯忌諱亦當死，惟陛下裁之。」時諫者百二十人，皆下還徙外，鏊獨以小臣妄言，論戍。會詔徵還，歷進太醫院判。

張欽 武清人。由進士爲御史，巡視居庸。武宗欲出關獵上谷、雲中，欽因邊報緊急，閉關。三上疏諫止，武宗爲罷行，中外倚重。以事忤奸璫，左遷知陳州，歷升四川巡撫，工部右侍郎，致仕。

王儀 字克敬，文安人。嘉靖癸未進士。以御史按陝西，藩封肆虐，大爲民害，儀以法繩之。時江左田賦、户籍浸失其初，三吴尤甚，輔臣

顧秉謙薦儀守蘇州，定賦編徭，民俗允便。及巡撫宣鎮，邊政爲之一新。值京師戒嚴，總兵仇鸞入衛通州，縱軍掠民，儀方受命移鎮，擒數人，治以軍法，一營大噪，儀不爲動。翌日詣營，鸞盛氣以待，儀曰：「天子遣儀治兵，不知有公。」鸞忿，密中儀，因奪其官。

徐　珏　涿州人。嘉靖癸未武進士。初任居庸把摠，大同兵變，殺鎮巡官，據城不下。珏隨職方郎往撫，單騎入城，諭以大義，衆叛感泣悔服。事寧，升大同都司。歷轉副總兵，後敵犯京師，入援有功，升大同總兵。以忤嚴嵩，左遷鎮保定。境内有警，提兵轉戰八晝夜，敵乃遁。丙辰，倭躪福、浙，珏率子侄夜抵倭寨，三戰皆勝。升南京中府僉書，會有脱巾之變，珏即驅兵戰於城中，擒斬首惡，叛卒始解。轉北京後府僉書，以老致仕。

王顯忠　保定縣人。嘉靖辛丑進士，授給事中，以事左遷臨晉知縣。平徭清賦，民祠祀之。同知湖州，董織造，却羡萬金，民立「却金亭」。僉憲遼東，累立戰功。副憲江西，捕鄱湖巨寇。參政山西，歷年捕寇。及歸，屏絶聲色綺麗。先世産業盡付兄子，以孝友著聞，里人皆化之。

莫如士　大興人。嘉靖丁未登進士，選庶吉士，授御史。巡監兩淮，不畏權勢。後任大理左丞，屢出冤獄。會北上彭城，卒於舟中。

李充實　玉田人。以孝友聞。嘉靖乙丑登進士，任户部，革小灘兑弊十八事，纔諸石。尋理遼東兵餉，清羨若干，爲當道所重。守蘇，益礪清操。會饑，賑活數萬人。

李三才　號修吾。父自臨潼入京師，卜居張家灣，生三才。長入順天府學，萬曆甲戌成進士，授户部主事，以救言事御史魏見泉外謫。歷升至鳳陽巡撫，劾内使陳增，兼請罷礦使，上從之，一時税璫氣懾。改督漕運副都御史，上疏乞休。已允放，公卿臺省交章乞留，上覽奏省悟，令供職候代。居三年，加户部尚書。時礦税復行，三才上疏，語益激峻，爲衆所推，因請致仕。疏凡十五上，不報。及奏登舟候命，始奉準去之旨。歸里，建雙鶴書院，講學，著有《毋自欺堂稿》、《雙鶴堂集》、《誠耻録》。

傅好禮　號約齋，固安人。萬曆甲戌進士，由知縣徵授御史。因事納忠，直言敢諫。如請誅怙寵之中官，裁跋扈之戚畹，尤人所不敢言。及巡按浙江，值歲大祲，動帑銀二萬，留漕糈萬石，賑之。先發後聞，曰：「俟命至，民已填溝壑矣。」後爲太常少卿，時榷使四出，海内騷動，遂抗疏，言假官抽税之害，不報。更補牘跪闕下者三日。神宗怒，降典史，諸臣交章伸救，皆斥降，遂終於家。

方從哲　字中涵，順天人。萬曆癸未進士。醇厚謹樸，持正不阿。爲司成時，與大璫田義相忤，請告有年。後與葉向高同居相位，神宗倦勤，中外隔絶，當時咸倚方、葉爲重。既而獨相七年，忠勤輔弼。光宗即位，李可灼進紅丸，光宗飲藥崩。熹宗嗣位，治可灼罪，從哲票擬從輕，諸臣交章劾之。熹宗在東宫時，知其忠藎，諭諸臣曰：「服藥出自聖意，可灼原不知醫，意圖僥幸。舊輔方從哲心迹可白，宜從寬論。」告歸，杜門不問户外事。時逆閹魏忠賢用事，建生祠以求阿附

者遍天下，從哲不與焉。歿，賜祭葬，謚文端。

馮盛明 涿州人。萬曆己丑進士，授河南扶溝知縣。因繩宗室之爲賊者以法，平調山東萊蕪。值歲大熟，穀賤甚，乃令輸課辦公者俱以穀，穀始少貴，課得登。又置倉儲餘穀，以備荒。明年固荒，賴儲穀，民不死。累遷知開封府，計擒積盜，不亡一鏃。用總河薦升徐淮兵備，治河決有法，河患得舒。尋轉山東左轄，以請輕新餉七十萬，與司農忤，又以入援與撫軍忤，被劾。廷臣多訟其冤。告歸於里，以子銓貴，累贈少傅、大學士。順治十二年賜祭葬。

蕭淳 字天民，大興人。萬曆壬辰進士，授山東茌平知縣。居官清正，擢浙江道御史。丙午，按遼東，以贖鍰三萬留備軍需。己酉，按山東，監秋試，疏稱士子不應令胥吏傳呼，乃口唱其名。因得疾，請告歸里。

王愛 字仁甫，順天人。萬曆壬辰進士，始爲潞安司李，讞獄平允，剛直不阿。既任版曹，乃以兑鹽歷浙省，立除諸兑蠹，且覈諸衛冒濫布花之弊。衛弁望之心慄。時當事欲核遼餉，度廉辦無如愛，因至遼，清察浮冒二十七萬，於邊計裨益誠多。尋備兵陝西鄜州，適安寧告警，多制勝之功。愛學識淵博，所著有《史論》數卷、《息機園集》行於世。

高攀枝 大興人。性孝友。萬曆壬辰進士，除南陽府推官。值大水，躬率疏導。復大饑疫，捐賑和藥，全活以千萬計。擢御史，巡按江北，

激揚振肅。時有稅璫病民病商，勢不可攖，攀枝不避嫌怨，疏二十上，得旨逮問，乃止。

楊惟治 通州人。戊子舉於鄉，壬辰成進士。授南陽知縣。會霪潦民饑，惟治請發賑，兼捐資施粥。明年大疫，復延醫捨藥，民賴以全活者甚衆。擢刑部主事，憫圜屏無隙，囚多瘐死，爲白司寇，鑿竇以通其氣焉。歷升陝西憲臬，以執節無委蛇，與當道牴，遂告病歸里。惟課子睦族，施予貧乏而已。

郝鴻猷 字勳甫，霸州人。萬曆己酉，舉於鄉，筮仕陝西延長令。延乃彈丸邊邑，流寇數十萬穴焉，鴻猷甫之任，賊大至，攻城。鴻猷登陴，與仲子傑商訂方略，内外綦嚴，賊睨之如鐵壁，旋引去。不意天不福延，鴻猷冒雨巡城失足，折脅，屢告病，始得歸。百姓卧轍泣留。歸里數年而卒。延人祀諸名宦，霸人祀諸鄉賢。

張士雅 字德純，霸州人。萬曆庚戌進士，授户部主事。監京倉，能除夙弊。轉正郎，差督北平糧儲，大司農以薊兵脱巾後，卒難撫定，惟士雅有强明廉幹才，故奏遣之也。積勞成病，便道歸里，疾劇而卒。

楊若梓 通州人。萬曆癸丑進士，選知河南信陽州。明聽斷，嚴操守。州旱，露禱南郊，移時，大雨如注，一晝夜方霽。農賴有秋。以廉能第一人爲禮部員外，署儀郎。值神宗升遐，光、熹二廟登極，兩月内連舉三大典，皆取辦於若梓。遂以積勞成疾而卒。

高輔 幽之豐潤人。聰慧辯捷，好學不倦。以貢授永城縣丞，持守甚嚴，除奸革弊，吏民懷之。有流賊至會亭集，去縣四十里，問永城縣君何人也，人應曰：「燕薊高輔。」賊曰：「仁人也，不可犯。」遂之他郡。縣賴以全。心惡上官之害民者，遂告歸。

國朝

范文程 字憲斗，〔注一〕官至光祿大夫、太傅兼太子太師、内秘書院掌院事、大学士，世襲一等精奇尼哈番。宋文正公仲淹之裔，十一傳至岳，明洪武中，丞雲夢，坐事謫瀋陽，家於撫順，再四傳至總。萬曆初，官兵部尚書，是爲文程曾祖。文程始際我太祖高皇帝，雖一諸生，實一應期名世也，尋以政府首輔從龍定鼎，諸如禮葬明愍帝，及維新百度，徵文獻，定賦役，更律令，酌古準今，無美不備。順治甲午，引疾致政，闢東皐爲別業，與禽魚、竹石爲伍。上嘗親和藥餌馳賜之。又遣畫師就圖其像二，一藏内府，一賜其家。此僅大略，詳則具在本傳中。康熙丙午八月二日卒，年七旬，賜祭葬、碑文，謚文肅。

張存仁 字完真，鑲藍旗。祖籍則閩之建寧之浦城，官至光祿大夫、太子太保，總督三省，世襲一等精奇尼哈番，加一拖沙剌哈番。幼業儒，爲廣寧諸生冠。棘闈屢挫，因就武自見，歷遷至副都統，從龍定鼎，奔走提師，自晉而秦，而梁，直抵吳越，遂詔留總督浙閩。其時順治二年也。凡握機宜，靖豕蛇，嚴軍令，奠閭閻，山陬月白，海嶼風清。種種在浙閩記載中。迨總督直隸、山東、河南，駐節大名府，殄榆園巨寇，威德著流，三省同頌。正己率屬，文武凜惕。庚寅，詔督撫按臣考校守令文藝，其不諳者調用。存仁躬莅各郡，命題面試，等第公明。居官廉幹者有一二語通曉，即注上等。否則，雖佳亦乙之。監司請其故，存仁曰：「甫當開創，守令多從龍輩，拘律文藝短長，恐灰能吏心。」衆服其識大體。尋乃來京陛見，忽成疾，意者勞積氣微耳，辭閱月而卒於家。賜祭葬，謚忠勤。

劉漢儒 字澹如，大城人。明天啓壬戌進士，初授大行人，擢吏科給事中，歷升右副都御史。巡撫四川，致仕歸。甲申，詔起爲御史中丞，時當開創，整飭綱紀，酌定規條，拮据三載。丙戌，子健成進士，三疏引疾告歸，里居二十載，享壽八十一，不病而死。〔注二〕

郝傑 字君萬，鴻猷之子。初，父將之延，左右皆賊壘，傑戎服率僕衛父，行徑賊巢，叩壁假道，賊壯而許之。崇禎丁丑，登進士，授太常博士。清初，擢户科右給事中，數上言，皆切時弊。歷官廷尉。時重囚不時報決，傑以爲天道生殺，各有其時，因請復熱審秋決例，得旨，報可。尋遷户部右侍郎，以長子惟訥内遷通參，遂請告歸里。

廉直

唐

盧粲 幽州人。仕爲給事中。武崇訓死，詔墓視陵制，粲以爲不可，遂出刺陳州。粲曰：「苟所諭得行，雖遠何憚。」

〔注一〕「憲」原本誤爲「現」，《清史稿》本傳作「憲」，據改。

〔注二〕「不」字原本重文。

李景略良鄉人。德宗時，遷大理司直。時李懷光謀叛，夜襲東渭橋，景略在其幕，謂曰：「殺朱泚，趨行在，此轉禍爲福之機也。」不聽。景略大哭而去之。後拜豐州刺史，威令肅然。卒，贈工部尚書。

蔡廷玉昌平州人。德宗時，朱泚爲幽州節度使，玉在其幕中，泚謀不軌，玉不從，擊之獄。歲餘，問曰：「而亦悔乎？」玉曰：「導人以逆即悔，勉人忠義何悔之有？」復擊之。尋又問曰：「能改過否？」玉曰：「不殺我，公得名。殺之，我得名。」泚不能屈，待之如初。

五代

張希崇薊人。好學，通《左氏》。仕後唐，累官靈武節度使。在官不喜聲色，善撫士卒，明宗屢詔褒嘉之。

遼

耶律儼析津人。好學能詩，性廉介，由進士累官參知政事，封漆水郡王，〔注一〕贈尚父。

劉仲誨宛平人。太子少師，器度莊重，立朝讜直不阿。世宗嘗曰：「朕見仲誨，常若將切諫者。」

馬得臣析津人。博古能文，尤長於詩。官翰林學士。時聖繫鞠無度，〔注二〕得臣乃疏貞觀、開元事數條以諫，聖宗嘉納之。贈太子太保。

元

梁德珪良鄉人。仕至參知政事，奏對無不稱旨。世祖嘗怪州郡因數過多，德珪對曰：「當國者急於征索，蔓延收繫，以致此耳。」世祖感悟，因大赦。

吴鼎燕人。仕禮部尚書。至大初，改保定路總管。時太后欲幸五臺，言者請開保定西五迴嶺，以取捷徑。鼎言不可，乃止。後爲京畿漕運使。卒，追封薊國公，謚孝敏。

劉寬大城人。任平章，居官絶無驕矜之氣，扁舟旋里，行槖蕭然。遇鄉黨以仁厚，至老不衰，咸推其德。

明

李嘉宛平人。事親盡孝。永樂初，以守城功，授序班，升通政、參政、禮部侍郎，持身端謹方嚴，人不敢干以私。

王亮大城人。任布政，素守冰蘖之操，囊無餘資。及卒，棺斂之費弗辦也。

李侃字希正，東安人。正統時進士，累官右僉都御史。賦性剛方，上疏諫阻易儲，建議迎復忠義，皆足動人。景泰初，畿甸皆亂，侃二親

〔注一〕「水」字原本脱，據《遼史》本傳補。

〔注二〕「鞠」，原本爲「拘」，據《遼史》本傳改。

在容城中，乞假尋訪，冒白刃訪得之。賊感其孝誠，亦不加害。後巡撫山西，時常雪夜巡偏關，寒甚，邊將有密以貂裘餉者，叱出之。

岳　正 號蒙泉，漷縣人。正統戊辰會元，授翰林編修。慷慨多氣節，詩文尤高簡峻拔。英宗知其名，召見，命入內閣，倚任之。正嚴厲自守，不憚權貴，時石亨、曹吉祥怙寵擅權，正疏言曹、石勢盛，宜早節制。以此中禍被譴，夜宿涿州，桎梏過急，幾死。有涿人楊四慕其名，救解之。英宗時，注念曰：「岳正倒好，只是大膽。」後得放歸。憲宗即位，臺諫請復正官，以勵忠直。仍補原職，充經筵日講。又被譖，補典化知府，多惠政。卒，贈太常寺卿，謚文肅。

谷大用 薊州人。正統中，爲太學生，恂恂謹飭，爲大館生推重。會祭酒李時勉忤權璫，王振困首木於國子監門，三日炎暑，幾死。大用義憤於衷，詣銀臺具疏，懇請自代。疏入，得并釋，廷臣稱賞，願識其面。

楊　塤 字景和，京師人。善漆工。天順間，錦衣衛都指揮門達怙寵驕橫，凡忤之者，卒受其禍。同寮袁彬質直不屈，乃誣以獄，咸冤之，莫敢發。塤素不識彬，遂擊登聞鼓，上疏曰：「駕留北地，諸臣咸奔散逃生，惟袁彬保護聖躬，備嘗艱苦，受職旌勞，公論稱服。今付獄拷掠，罪定而後附律，法司雖知其枉，豈敢辯明。乞以彬等御前審録，庶冤抑得伸。」疏入，仍以彬付衛獄，而達因是欲盡去其异己者，乃緩塤死，使誣大學士李賢指使。塤佯諾之，達遂以聞。上命中官會三法司鞫於午門外，塤乃直述所言，於賢無涉，達計不行，而彬乃得降黜。未幾，英宗崩，言者斯劾達罪，舉塤事爲證。達謫死南丹，彬復舊職。《英宗實録》載有《楊義士》云。

牟　斌 正德初，掌錦衣鎮撫。逆瑾竊政，言官劉茝、戴詵等下詔獄，斌持正不阿，輕刑緩械，皆曲爲申救。時瑾令復獄詞，去詵疏首「權閹」字，斌不肯，謂其僚曰：「存此，則諸君子名節可白。」他日，瑾怒矯旨，廷杖垂死。及瑾伏誅，斌復任鎮撫，終以不徇私賄，忤當道，感疾而死。

史　道 涿州人。正德丁丑進士，選庶吉士，改兵科給事中。忠直敢言，疏論谷大用、江彬誤國逆謀，諫止大臣及太監張佐等封爵，論救尚書王瓊、陸完等死，章數上，多見采納。會論權相，乃下獄，謫金縣丞。稍遷光禄少卿，復論永嘉張相、丹徒楊相，謂輔臣不協，無以息天變也。詔以其疏示二相焉。後巡撫大同，大立戰功。有以妖術叛逆者，悉計擒之。仕終兵部尚書。

朱乾亨 字子貞，大興人。嘉靖辛丑進士，授户部主事。有珠寶商以若干緡暮夜餉乾亨，却弗受。歷升懷慶知府事，上官以禮有貪墨者需其賄，絶弗之應。約下屬以法，即有苦其嚴者，别援奥以起，遂與貪墨者共擠之。乾亨拂衣歸，懷民泣留，如失父母。後嫉者敗，懷人乃請入名宦祠中。

王　遴 號繼津，霸州人。嘉靖丁未進士，授紹興府推官。丰采大著，人多側目。及升武選司主事，與武選員外郎楊繼盛相善，楊上疏劾嚴嵩奸罪，自分不免，以幼子女托之。遴曰：「君爲社稷計，吾獨不能爲社稷臣計。」乃以女許其次子。楊疏下，逮繫刑部，遴不避忌，往送至獄。時奉旨，查嚴效忠、嚴鵠冒功事，嵩門人聶豹爲兵部尚書，擬稿，囑遴勿實其事。遴曰：「司稿查據甚明，不敢欺皇上，不敢負老先生。倘易此稿，名節掃地矣。」嵩切齒恨之，隨中以他事，

北京書志彙刊　《[康熙]順天府志》卷十九　一八〇

下遴獄，尋釋出。繼盛獄上，論死。遴往西市收其尸，作詩哭之。未幾，升兖州道，執法不憚權貴，歷升巡撫宣府，晋兵部右侍郎，提督京營。值有閱視之議，遂自請行邊，一路嚴禁饋送，毫不假借。患病乞致仕。萬曆壬午，補户部尚書。值議從祀諸儒，遴力言：「諸儒從祀，須以實踐爲主。陽明以才勝，難與薛文清、朱晦庵、吕東萊同論。」乙酉，改兵部尚書，尋請告致仕。四賜存問，壽八十四。祭葬如制。所著有《大隱堂集》四卷、《二鎮疏》八卷、《奏議》十卷。

劉繼祖　號述庵，順天人。性孝友，博學多才，與兄副使念庵名齊一時。由成均選松江府檢校，明習吏事，歷官有廉能聲。及擢吕黎丞，遂以疾歸。語諸子曰：「吾平生歷秩甚卑，惟恪盡無忝，存心不敢自欺耳。」終以次子餘祐貴，貤贈通議大夫、兵部右侍郎。

王嘉謨　字伯俞，順天人。萬曆丙戌進士，官行人。以才望授禮科給事中，侃侃偉議，一時指爲朝陽鳴鳳。每上疏，必剴切周詳，不避疑忌。如請建儲疏，略云：「元儲繼體，必不可置於可帝可王之介；册立大典，必不可玩於或近或遠之期。」又：「參權璫田義八罪，直聲震天下。」後以參政告歸。所著有《薊丘集》四十七卷。

馮有經　順天人。萬曆己丑進士，以右中允充東宫講讀官。一日進拜皇太子，偶不爲起，有經奏曰：「臣等承乏春宫，輔導無狀，致殿下失起立之禮，敢請其罪。」光宗改容謝之。

米萬鍾　字仲詔，宛平人。性孝友，自少時文章翰墨之譽已滿天下。成萬曆乙未進士，歷任江西按察使。時以調護太常卿黄中直，爲逆璫魏忠賢所怒。家隣璫居，璫慕米名，求書翰，不應。益怒，合御史倪文焕劾米爲党首，遂削籍。因挈家避清源，子壽都適抵京應童子試，璫又遣邏卒掩至，壽都逾垣走，幾罹於禍。璫敗，萬鍾起補太僕少卿。未幾病卒。生平蓄奇石甚富，人稱爲「友石先生」。著有《澄澹堂文集》、《書畫船詩集》及《易義蒙緯》、《兵鈐》、《石史》諸篇，行於世。

侯拱辰　大興人。尚壽陽長公主，掌宗政五十餘年。凡所諫言，皆慷慨切直。自萬曆中震位久虚，舉朝公疏，莫敢署名，拱辰毅然曰：「會典以宗人府爲文職第一，願先署名。」至册封代王與挺擊獄起，拱辰據經引義，無所顧忌，國是者定。卒，謚榮康。

丁乾學　字天行，山陰籍，家於京師。萬曆己未進士，選庶常，授檢討，典江右甲子鄉試，洊疾逆閹魏忠賢擅竊國柄，故於試録序推重南昌萬燝劾閹之疏，爲多士勸。發策，又以盗賊宦竪并問。忠賢之黨摭拾以告，因嗾南臺糾試臣語譏上，遂矯旨，奪乾學官。時有乾學舊僕高守謙，監籍錦衣，亦逆党也。糾其衆，僞稱緹騎來逮，乾學俯伏以俟，群惡肆掠狂毆，乾學骨寸傷，遂死。崇禎初，事始白，守謙伏誅，餘惡戍遣。贈侍讀學士。

倪汝廉　平谷人，字介夫。少孤，勵志勤學，事母以孝聞。仕陽穀訓導，重德行，黜浮靡，不受束修，不分學倉積穀之耗羡。士或有喪不能葬者，捐俸以助。巡按檄所司以金幣旌之。升徐溝教諭，益嚴整。縣令出迫以篆，弗署也。

由于图像分辨率过低且文字严重模糊不清，无法准确辨识内容。

徐履謨 字賡颺，大興人。天啓辛酉舉人，任河南林縣教諭。生而好學，不以貧窶易志，事親備極色養。妹早寡，誓死守節，迎養於家，以成其操。爲諸生時，常館於某氏，立心不欺，大類於王海日事，人以是多其隱德焉。又憤戚侯某將肆虐於忤己之士，乃爲書，歷指古外戚權横賈禍之由上之，以折其鋒，侯卒降心以聽。年五十五，卒於官。

國朝

李中梧 天性慈愛，令玉田，每多惠政。民有賣妻償負者，訟於官，中梧憫之，捐金爲償所負，遣令完聚。邑辦兵糧，部使者以私量入，民苦之，中梧出庚中公量，唱籌手校，部使知其廉，不敢復肆。一邑食福。未幾，以績最，升永平知府。

儒林

漢

韓嬰 燕人，孝文時爲博士。景帝時爲常山王太傅。推詩人之意，作内、外傳數萬言，其語與齊轅固、魯申培公頗殊。《内傳》四篇，《外傳》六篇。至隋，惟存《外傳》，今析爲十篇。又精於《易》，有傳。嘗與董仲舒論於上前，仲舒不能難。

周堪 文安人。宣帝時論經石渠，堪爲最。元帝時，與蕭望之並領尚書，以師傅見重。尋爲石顯所譖，免官。帝後悟，乃擢爲光禄勳、太子太傅。

東漢

崔實 涿郡人。元嘉元年，詔百官舉獨行之士，涿郡舉實，除爲郎，升五原太守。退而論世事，名曰《政論》。山陽仲長統見其書，嘆曰：「凡爲人主，宜寫一通，置之座側。」

盧植 字子幹，涿郡人。少事馬融，通今古。建寧中，拜九江太守，以疾去官。作《尚书章句》、《三礼解诂》。时立太学石经，植上书求刊正碑文。古文蝌蚪，置《毛詩》、《左氏》、《周禮》博士。再拜廬江守，徵爲議郎，與蔡邕等東觀校「五經」補，《續漢紀》。轉侍中，遷尚書。董卓之亂，惟植與之抗，後免官，歸隱上谷。今從祀孔子廟庭。

南北朝

酈道元 涿郡人。魏時爲御史中尉。平生好學，歷覽群書，注《水經》四十卷，撰《本志》十三篇、《七聘》諸文行世。

盧思道 涿人。仕北齊，官至武陽守，操行、文學爲時所重。文宣帝崩，朝士皆作輓歌，擇其善者，推思道八首，時稱「八采盧郎」。

唐

盧照隣 幽州人。高宗時，與王勃、楊炯、駱賓王以文章齊名，號爲「四杰」。

劉蕡 昌平人。舉進士。文宗時，應賢良方正科，對策專論近要閹寺，極直切，因被黜。昭宗朝，羅衮上言其直，贈蕡右諫議大夫。

賈島 字浪仙，房山人。初，爲浮屠，名無本。游東都時，吟「落葉滿長安」句，卒求一聯未得，因突京尹劉栖楚，被繫一夕。後驢上指畫，錯然遇韓京兆愈，不覺冲至，左右擁尹前，具云：「方得句，僧推月下門，欲易敲字，未安，引手作推敲勢耳」。愈曰：「作敲字：」。遂教爲文，去浮屠，舉进士，除長江簿，以詩名。會昌初，授晉州參軍，遷司户。

宋

竇儀 漁陽人。學問優博，累官禮部尚書。太祖欲大用之，趙普忌其剛直，沮焉。既卒，太祖憫然曰：「天何奪我竇儀之速耶。」

竇儼 儀弟也。幼能屬文，好學樂善，累官禮部侍郎。當時祠祀樂章、宗廟謚號，多其撰著。初以主客員外知制誥，兄儀適入翰林，兄弟同日拜命，分居兩制，時人榮之。

遼

韓昉 燕京人。天慶初進士，官至翰林學士，禮部尚書，參知政事，封鄆國公。昉性仁厚，善屬文，長於詔册。嘗作《太祖睿德神功碑》，人稱之。

金

韓玉 漁陽人。以經義、詞賦兩科進士入翰林爲應奉，應制嘗一日百篇，文不加點。後以建言開潞水漕運，升同知陝西東路轉運使。

元

王利用 通州人。世祖徵太子賓客，首以敬天、法祖、孝親、仁民十餘事爲勸，帝嘉納之。廉希憲嘗語人曰：「方今文章政事兼備者，利用其人也。」

盧摯 字莘老，涿州人。仕至翰林學士，博學有文思，元初稱能詩者，必以摯爲首。所著有《疏齋集》。

[注一]「伯」字，原本爲「元」，據《新元史》本傳改。

[注二]「教」字下當有缺字。

李　衎　薊州人。號息齋道人，博學多藝，官至浙江行省平章政事。卒，謚「文簡」。衎善畫竹石、花木，所著有《竹譜》。

鮮于樞　字伯機[注一]，漁陽人。官至侍中、光禄大夫，能詩文，尤精書翰。所著有《困學齋集》。

明

李季鼎　大興人。永樂初，以國子監生拜贊善，講經書，深見禮待。博學强記，號爲「書庫」。及致仕，猶訪以時政。

黄潤玉　字孟清，順天人。永樂時，舉京兆試，授南昌府訓導，歷官御史。平生言動不苟，著述甚富。以朱子嘗欲編《禮記》，附《儀禮》，乃取《儀禮》析爲四卷，又《周官》大田禮，補軍禮之缺，通爲五卷。注《小學》、《四書》諸經，撰《學庸通旨》及《道德陰符經注》、《孫子兵法注》、《南山録》雜著、詩文。

陳　壯　京衛人。景泰時進士，歷官河南按察。性純孝，居喪敦古禮，尤尚氣節。凡有建白，皆慷切激厲，有益治道。及歸鄉，布袍蔬食，踪迹寡出，其剛正恬淡，有裨世風云。

段　正　順天人。七歲作《鸚鵡賦》，有奇句。領鄉薦第一，成化丙戌進士。歷任陝西左參政，嚴於律身，家壁蕭然。所著《介庵集》、《官游集》、《柏臺公案》、《課程日記》行世。

鄭　紳　字公佩，以錦衣籍京師。正德甲戌成進士，入官三十年，凡九遷，未嘗出都。後以工部尚書乞老，朝大夫及諸後進數就訪問政理，紳一切謝絶。乃於城外築南池書院，訪者又至，又於西山冷泉築北泉書院，偕朋舊子姓以往。有詩云：「世多君子扶皇極，天放閑人養太和。」都人誦焉。

楊　和　字節之，固安人。性孝友，領鄉薦，歷任國子博士，嚴於教子。著《學範》一篇貽之，惟講明義理，不沾沾制舉業。長子維傑，嘉靖丙戌廷試第二。次子維聰，辛巳廷試第一。皆入木天，爲時聞人。

陳　堯　字敬甫，順天人。嘉靖舉進士，累官至刑部左侍郎。多以文學飾吏治，所至輒聚生徒講學。南安人爲之築醒翁亭，咸稱其品誼可當廬陵。所著有《醒翁集》。

劉效祖　字仲修，京衛人。嘉靖庚戌進士，歷任固原兵備副使，多政績。及解組歸，闢日涉園，陶情觴咏。時京兆闕志久，府尹徵祖纂修，未果，適督府欲修邊乘，先聘之，遂如檀州，作《關鎮志》。所著有《四鎮三關志》十二卷、《春秋稿》二卷，其他詩集、文集不能備記。

孔廷謨　密雲人。萬曆癸卯舉人，性篤孝，喜讀書。母老年饑，需禄以養，乃由杭州教升石埭令，[注二]教士愛民，綽有仁惠之聲。及去官，民思之不置。所著有《經書講義》。

范邦瞻 字若侯，大興人。崇禎丙子科舉人，性忠貞，文追先輩大家，遺有《霜枝堂詩》。

尤學顏 號華涯，大興人。博極典籍，恪奉程朱，以恩貢爲平度州同。州原土城，守與學顏及紳衿議，易以石，捐銀萬兩，重其品，悉付之。學顏朱書揭於廳事前，曰：「学颜染指毫厘，不得生归故里。」既辞归，犹肆力经史，至老不衰。

徐兆任 字伯衡，爲都門宿儒。時游其門者，皆知名士，如金忠潔，其首著也。崇禎乙亥，由拔貢保舉，知滎陽。潔己愛民，爲時循吏。後弃職歸里，教讀自給，泊如也。甲申流寇之變，妻張氏同幼子投環死，著有《康山之集》。

郭斆 興州前屯衛貢士。正直嚴肅，道義自閑。鄰邑士子多出其門。既宰懷集，政教播於苗蠻，監司、郡守皆愛重之。告歸，惟圖書數卷而已。及卒，門弟子百餘人皆號泣失聲，爲服心喪，至今猶不悖德。

余之祥 字鳳梧，宛平人。性剛方，敦孝友，凡經史載籍，皆經數次丹黃。著有《易經統旨》、《詩經宗旨要言》。

郝俊 字籲卿，霸州學生。倜儻有大志，博極群書，尤深濂洛、關閩之學，克篤温清，洽於友愛，昆弟間以行業相勉，儼如嚴师。不幸早亡，人多顏子之悲焉。

國朝

張希契 字倫昭，順天府學生。積學四十年，教育多士，務先品行而後文藝。游其門者，多以成名顯，著有《四書講義正告》行於世。

崔士瞻 霸州諸生也。天性孝友，好善樂施。親疾，嘗藥，讓産於兄，焚貧者之券，助親故之急，平生不倦也。以子貴，贈雲南按察使，從祀鄉賢。

王崇簡 字敬哉，宛平人。崇禎癸未進士。甲申流賊陷京，挈家避金陵。順治二年，大兵下江南，大將軍藉北人之在南者，薦於朝，首列以閑。丙戌，授國史院庶吉士，歷升侍讀學士，遷少詹，以疾請告。起補國史院學士。時子熙亦官弘文院學士。世祖顧謂之曰：「父子同官，臣鄰稀遘。然肩隨齒列，恐有未安。」因擢崇簡爲吏部右侍郎，不數月，拜尚書，加太子太保。嘗奏言：「帝王廟祀古開創之君，如商中宗、高宗，周成王、康王，漢文帝，宋仁宗，明孝宗，咸守成令主，功德昭垂，並宜增祀。」又言：「宋臣潘美、張浚，罪多功少，不宜從祀。」嗣議祫祭禮，又詔議大享殿合祀禮，厘正百度，洞中竅會。迨子熙亦加禮部尚書，父子宗伯，崇簡以盛滿爲憂，遂引疾歸。潛心先儒義理之學，以躬行心得爲主。所著有《青箱堂文集》十卷、《詩集》十卷，選集古今人詩文及雜著述若干卷。年七十七卒，子祭葬，謚文貞。

孝子

南北朝

張弘策 范陽方城人。幼以孝聞，母喪，三年不食鹽菜。梁武帝以爲輔國將軍，遣封檢府庫，以廉能著聲。

成景雋 范陽人。梁天監中，常邕和殺其父安樂，景雋謀復仇，購人刺殺邕和及其子弟，武帝義之，不罪。後爲北豫州刺史，思報效，大有政績，州人樹碑紀德。卒，謚忠烈。

元

曾德 漁陽人。宗聖公裔。母早亡，父仲祥再娶左氏，携游襄陽，時兵亂，失左氏，德遍求於廣海，迎歸養之。人以爲孝。

宋杞 大都人。年十九，父死，號泣絶而復蘇，水漿不入口者三日。過哀成疾，謂其妻曰：「汝善事吾繼母。」遂卒。遺腹生一子，泰定中旌其門。

明

吴端禦 字宜僕，宛平人。文思秀壯，屢舉不第。絶意仕進，買田於百花陀，以養父母。日惟靜坐讀書。冬月母病，思甘蔗，宜僕日夜泣涕，求之，忽得蔗數本於山谷中，奉母，病遂愈。著有《織絢堂集》。

張銳 大興人。爲江西王官，事親至孝。母遘危疾，銳刲股爲羮以進。尋愈。後數年，母卒，廬墓。大興知縣周道直旌之曰「儒門母孝行」。

崔鑑 順天人。父佑，母王氏。父嬖妓毆其母，母不堪辱，欲死。鑑抱母泣曰：「曷念兒，姑忍之。」一日鑑出，挾刃以歸，值妓掃於堂口，尚駡主，鑑怒刺其左脅，妓隨斃。鑑出亡數里，忽自悔曰：「我安忍以爲母者累母耶？」趨歸，父果執其母，將就理。鑑呼曰：「殺人者我也，何與我母？」遂自投於獄，廷尉謂崔鑑年甫十三，不忍母辱，甘冒重典，情有可矜，司寇是之。疏上，鑑得釋。

王原 文安人，父珣，母張氏。珣因歲歉，覓食於外，久不歸，原少長，數問母：「父安之？」母告以故，原哀泣，辭母覓父，遍歷多方。久不遇。一日至輝縣夢覺寺，泣告於僧。僧詢，知爲文安人，曰：「有爾鄉人在吾寺，未知是否。」引與相見，果其父也。相抱而哭，謝僧同歸。原躬耕以養。珣年八十四而卒，原亦八十四而卒。後直指使聞於朝，詔旌其門。

楊一訓 寶坻庠生。遇亂，母被寇執，訓奔而援之，寇逐訓刃，寇死，母乃獲免。

胡清 保定縣人。性孝好施，父病，延醫罔效，清檢《本草》，見人肉可以療疾，乃割臂肉寸許，和羹以進。父食之，果愈。享年八十而終。清亦年七十有五，一日，無故命其子取券百餘紙，立焚之，衆驚問故，不應，至夜無疾而逝。

國朝

尤耀祖 大興人。天性篤孝，事母備極色養。母病，晝夜守左右，藥必親嘗。食淡四年，刺舌上血書佛典三部，爲母祈佑，因成疾死。

曹廣攄 字蘊昔，大興人。官監生，博學嗜古。母尤氏病，攄刲股以療，母瘳而身殞。士大夫聯篇競挽之。其割股也，雖不可法，而活母也，實可以風。

義士

周

左伯桃、羊角哀 俱燕人。入楚，道遇雪，乏食，桃以糧遺哀而自餓死。哀後仕楚，至上大夫，告於王，乃禮葬桃。

燕

田光 義士也。太子丹欲修秦怨，因太傅鞠武交於光。光曰：「臣聞騏驥盛壯之時，一日千里。至其衰也，駑馬先之。今臣精已消亡，所善荆軻，可使也。」丹戒曰：「願先生勿泄。」光僂行見軻曰：「光與子相善，竊不自外，言足下於太子，且約光勿泄，是疑光也。夫爲行而使人疑之，非節俠士。」遂自剄而死。

南北朝

榮建緒 玉田人。性直亮，有學業。仕周爲下大夫，儀同三司，素與文帝有舊。及爲丞相，加位開府，拜相州刺史，以不從隋文帝禪代之謀，爲文帝所重。

五代

趙玉 漁陽人。客滄州，依節度使呂兗。劉守光破滄州，盡戮兗親屬，兗子琦年十四，玉負之以逃。至太原，變姓名，丐衣食以給琦。琦仕後唐，至兵部侍郎，人以玉能存呂氏之孤，翕然稱之。

竇禹鈞 范陽人。仕周，爲諫議大夫，有陰德及人。建書院，延名人以教遠近士，後進多賴之，顯貴者甚衆。五子儀、儼、侃、偁、僖，孫諲、諹、詁，俱登第。

〔注一〕「李」，爲「理」字之誤。

明

秦　貴　沙城里人。自始祖浩得至貴之孫旺，凡七世同居，子孫遵守家法。知州靳善上其事，詔旌其門。

李　春　義勇後衛人。正德辛未歲饑，出粟六百石以賑，子達亦出銀五百兩以給軍餉。李都御史移檄旌奬。嘉靖辛丑，又出粟五百石賑饑，御史扁其門曰「義」。

楊　德　拆城里人。性好施予。嘉靖壬寅歲荒，民多死者，德出粟三百石賑饑。知州張加秀扁曰「義門」。

高　恩　豪家里人。好義樂施。嘉靖癸丑大饑，捐粟四百石，所至活者甚衆。知州毛沂旌之曰「尚義周貧」。

陳效忠　房山人。司李登州時，〔注一〕栖霞令與代巡忤，慮中傷，泣訴於忠，以求全。忠矢之曰：「寧累身，決不違理以媚上官。」竟注令上考。忠家塾師將鬻幼子以營葬事，忠曰：「師友之誼，何忍坐視！」厚贈助其喪，且留其子與孫輩同學。後其子登丙午鄉薦，令寧洋，報忠亦厚。忠年逾大耋，題偈而逝。著有《㨔龜吟》行於世。

江　源　霸州人。性樸實孝友，凡戚里有喪不能舉者，源捐貲助之。鄉評好善者，必以源稱首。

趙伯威　嘉善厢人。舉人，材官不就，輕財好施，婚葬不能舉者，每每助之。時人感其恩而歌誦焉。

李　傑　豪家里人。性醇篤，姻族婚葬不能舉者，必捐貲以助。稱貸不能償者，輒焚其券。

節婦

元

王氏　燕人。張買奴妻，年十六，買奴官錢塘，病殁，葬宛平西十里外。王氏每旦披髮往奠，伏墓大慟，久而致疾。舅姑謂曰：「爾尚少，宜自圖終身。」氏泣曰：「父母命妾歸張氏，此足可更履他人門耶。」煢居三十年，事聞，詔旌其門。

王氏　惠士鉉妻，大都人。士鉉疾革，曰：「我必不起，前妾所生子，善保護之。待其長而汝嫁。」及卒，氏垢形居墓側，撫妾子，至歲餘亦死。哭曰：「無復望矣。」經死於樹。今其地名「雙冢兒」。

陳氏　煎茎鋪人。周榮妻，年二十七歲，夫亡，子甫歲餘，誓不改節，甘貧紡績，養姑育子。詔旌其門。

任氏　霸州信安人。順帝時，紅軍攻圍信安，任尚處子，密懷金携弟徙居仁義鄉，誓不適人。撫弟稍長，爲娶婦成家，任年九十餘卒。

北京圖書志叢刊 [康熙]順天府志 卷八十七

明

余氏 豐城侯李賢妾。侯病，余侍甚謹。及卒，余沐浴更衣，泣柩前曰：「妾侍侯房帷桀矣，今侯卒，妾從死，分也。」遂不食死。事聞，追封淑人，賜葬西山。

何氏 霸州人，王經妻。經亡，何年二十四歲，絶粒數日，諸姑姊輩勸以撫親遺孤，何乃復食。後值肅宗癸卯歲大祲，人相食。何提三歲兒，食草蒂榆皮，繼以葛殼，親黨或有憐其少而華於色，勸以改適豪家，尚可存立者，説誘百端，氏終不聽。壽八十七歲而終。

孫氏 賈彦通妻。通死，孫氏守節。天順六年，詔旌之。

李氏 懷柔趙海妻。二十五，夫亡守志，至七十歲。子趙琮亦早亡，婦閻氏，法姑之行，苦志守節，事姑以孝。成化間，有司欲聞於朝，二氏泣曰：「守節歸人之事，若欲旌表，是求名耳。」寧死不從，鄉人益賢之。

朱氏 崇文坊人，高山妻。生四子。正德辛未，流賊入家，氏被執不屈，賊殺其二子以脅之，不屈。又殺其二子，氏聲色愈厲，罵不絶聲，遂亦殺焉。

張氏 大興人，楊應時妻。時登進士，筮仕平原，死遺二子。張曰：「欲徇夫以死，不爲夫立後，所損多矣。」乃忍死，撫二孤。後二子俱夭，張乃呼天號泣曰：「吾偷生二十年，爲楊嗣也。今皆夭折，若更少延，何顔見夫地下耶。」遂絶食二十日死。

張氏 生員翟思榮妻。榮死，張絶粒死。

齊氏 儒士翟思榮妻。榮病亟，齊泣曰：「吾得從姆氏地下矣。」十日不食，長號而終。

馬氏 榮景妻。景死，馬氏撫孤守節。嘉靖八年旌表。

朱氏 大興人，莫疑妻。夫亡，清貧守節，訓子讀書，不出閨門者四十餘年。嘉靖二十年，奉旨旌表。侄婦李氏，生員莫如齒妻。夫亡，撫孤守節，扁額表揚其門。

趙氏 霸州人，蔣欽妻。年二十二，夫卒。屏去華飾，親黨罕見其面，奉姑以孝，撫育遺腹子勳，教成進士。孀居四十餘年，卒。詔旌其門。

王氏 宛平人，楊進妻。夫死，遂絶食而亡。事聞，旌表，仍賜以祭。

司氏 千戶張勳妻。氏年二十五，夫死，甘貧守節，卒年八十八。同時有楊氏，潘從謙妻；馬氏，指揮張佑妻；劉氏，指揮車鏜妻，俱御史徐彦登奬。

徐氏 指揮亮女。幼清淨，誓不出適。及卒，京兆尹丞給扁旌之。

王氏 生員高天倫妻。倫殁，氏年二十四，守節至老。

郭氏 錦衣衛百户傅鼎妻。鼎死，郭年二十一，守節撫孤。御史張鶴鳴獎之。

何氏 生員尹敷謀妻。謀死，無子。氏年二十二，剪髮毁容，紡績自給。奉孀姑三十餘年，孝敬不衰。御史雷士貞獎之。

劉氏 劉芳女，舉人馮讃妻。讃死，氏年二十三，矢志守節，撫孤孝姑，宗黨稱之。

門氏 潘鳳妻。鳳死，氏年二十四，守節四十餘年，甘貧撫孤。及卒，御史孫旬表之。

王氏 武生高第妻。第死，氏斷髮割鼻，竟病創死。御史孫愈賢表之。

俞氏 大興人，錦衣校尉周臣妻。臣死，絶食二十三日死。詔旌表之。

張氏 霸州人，史部考功主事王樂善繼妻也。年十九於歸，未期而寡。其舅少保更爲立嗣，以安其守節之心。張撫之如己出，事翁姑備極孝敬。卒，年八十，孫曾林立矣。有司旌其門曰「節孝」。

胡氏 年十五，歸順天贈君劉某。二十九而贈君亡，撫子餘澤，登進士，歷任山西右布政。氏茹苦飲水五十一年，兩受褒封，享年八十而卒。

劉氏 順天嘉靖甲子舉人馮瓚妻也。年二十餘，居孀，遺孤有經甫五歲，教之成進士。禮部題請建坊旌之。有黄輝《貞壽編》行於世。

黄氏 順天進士陳仁齋妻。仁齋官憲副而卒，氏時年二十八，子士植方數齡，痛撫遺孤，未即殉死。時側室唐氏、常氏年甚少，氏奉姑命，欲遺嫁之，常氏毁容告天，願早死完節，未幾果死。唐氏謂常徒知事死，未知事生。乃朝夕侍黄氏，以親孤主成立，敬謹貞潔，十餘年如一日。後士植補弟子員，娶錢氏，生子亮采，甫兩歲，而士植又夭矣。唐感傷成疾，尋亦死。黄氏與錢氏撫孤守節，各五十年。一門兩世，節孝昭然。

徐氏 順天吴焕妻。年三十，夫亡。教育孤子，五人俱成名。苦節四十餘年，鄉人御史王志舉扁其門，名曰「荻誨名高」。

靖氏 宛平人，金吾右衛千户姚起龍妻也。夫亡，氏甫十九歲，遺腹子紹勳，氏矢志守節，撫孤成立。年七十四卒。紹勳娶婦李氏，勳亦早喪，李年二十六，遺孤國政，甫四齡，李堅貞守節，力事孀姑，備極孝養，七十六歲而卒。崇禎時，禮部題建坊旌表，曰「雙節之門」。

梁氏 大興人，錦衣房之獻妻。年十七歸獻，二載而孀，長子爾繩甫一歲，次子爾繼遺腹生焉。氏性貞静，嚴訓二子，事姑四十二年，婉容承順，節孝可傳。

李氏 順天府人，金吾右衛百户蔣松妻。夫亡時，氏年二十七歲，毁容，誓守撫子成立。壽七十七卒。

丘氏順天武進士孫銓嫡母。夫亡時，有兩庶子，皆在襁褓，氏率二侍人苦節治家，撫教兩子俱登武科甲。

顧氏宛平人，郝體元妻。性嚴潔，善事公姑，年二十六，夫亡。苦節自矢，凡四十年，教成孤子尚禮，爲府學生。崇禎壬午，督學吴履中旌於額，曰「所柏舟貞操」。

王氏順天人，蔣棟妻。二十八歲，夫亡。誓死守節，至八十三歲卒，子孫賴其成立。

盛氏錦衣百户田承恩妻。守節多年，撫養庶子，倍於所生，年八十卒。

田氏大興田九章次女，適陳。夫亡子夭，宗族皆絶，堅守苦節，至七十二歲而終。

寧氏順天人，御史承勳姊，適錢。年二十四，夫亡。守節至六十餘歲乃終。

葉氏、徐氏大興人，張純齋妻、妾。純齋死，二氏同志，守節四十餘年，撫子有成。

牛氏宛平郝鳳岐妻。守節至八十三歲而卒。兵科程仲龍旌其門曰「冰心僊骨」。

陸氏大興周經邦妻。二十七歲守節，至八十六歲而卒。

朱氏宛平江元杰妻。守節至七十九歲卒。

莫氏順天學生徐孚尹母。善事祖姑，守節多年，至九十餘卒。

辛氏東安人，高明妻。年二十二，夫亡。家貧哀痛，六日不食，翁姑勸始食。奉養翁姑，撫育幼子。其子高滋，娶閻氏，滋亦早亡，閻事辛，始終亦不衰。辛年七十五卒，閻六十一卒。邑人稱其雙節。

張氏東安人，生員郭佃妻。十六歸佃，四歲佃死，張自縊於靈所。老姑慰之，曰：「汝死得矣，如吾無依何。」張勉從之，紡績以供姑。不給，則挑野菜自食，姑見之，一痛幾絶。姑死，鄉人爲助棺殮，張守志五十餘年如一日，未嘗有親戚出入其門者。

張氏霸州人，年十七適樊。生渭四載，夫卒，誓不改節。紡績以事舅姑，撫孤成立，年八十餘卒。

張氏霸州人，生員江蛟妻。夫亡，氏年十九，子然孤立，生遺腹子宗海，教育爲庠生。本道羅瑶表其門。

何氏霸州人，李緝妻。年二十，夫卒。子珠甫三歲，撫教之，成歲貢。氏至七十卒。珠妻張氏，雖以再醮事珠，感姑之節，於夫亡日，不食七日死。撫按旌之曰「貞烈重光」。

錢氏 霸州人，張仲海妻。年二十二，夫卒。其子來朝亦早亡，婦郭氏，年十七，姑媳守節者數十年。按院、監院兩扁其門。

劉氏 霸州人，驛丞王寰妻。夫亡，孀居，教子讀書，學院阮訪知給子衣巾，以彰母節。氏卒，年八十二。

顧氏 霸州人，張符妻。父庭以鄉薦刺葭州，其婚於張以符爲賢也。氏孝於翁姑，姑性嚴，每峻譴責，氏順受，未嘗徵見顏色。符早世，遺三子，皆冲幼，氏奉姑撫兒數十年，艱苦萬狀，教長子士雅成進士，爲某部副郎，督永平餉。氏訓以廉潔。士雅卒，以清白顯。孫曾，皆有聲黌序。氏年八十四歲乃終。

程氏 舉人李裕妻。年十九歲，裕卒，程氏哀痛幾死，堅苦守節，至老不渝。詔旌其門。

孟氏 生員趙裕妻。年方二十歲，堅苦守節。旌其門。

王氏 西永里人，劉守仁妻。夫卒，年二十歲，家貧無子，堅貞苦守，至死靡渝。學院傅孟春旌其門曰「孀貞」。

張氏、趙氏 張西永里人，蔣臣妻。年二十一歲，夫卒，守其子。時東誓不改適。無何，子又早卒。與媳趙氏同甘貧苦，紡績自給，節操愈堅。年俱七十餘終。學院傅孟春旌其門曰「姑媳雙節」。

申氏 拆城里人，樊克家妻。即節婦張氏孫婦。夫卒，年二十一歲，撫遺腹子民英爲諸生，以節自誓，孀居五十餘年。學院于業旌之曰「雙節」。

張氏 保定縣人，于增之妻。年未二旬，夫死，遺孤名智，僅期月，貧窶殊甚，張矢志守節，姑憐其幼，勸以他適。張泣下，曰：「未亡，婦不隨以死者，徒以舅姑與孤在也。今姑胡不亮婦心耶。」遂槁髮毀容，事舅姑愈孝。及子智成立，娶田氏，未幾亦死。遺二孤，張與田同孀，撫育垂白不移，稱雙節云。

周氏 豐潤人，郭綸妻。綸從兄戰死，周時年二十歲，孀居四十餘載。子衛國娶董氏，未久，奉命提調大安門，亦死於陣。董年十九，孀居，孝姑。長子承嗣，遺腹子承忠，均使力學。三十餘年，節操不俞。承嗣襲職，早卒。娶雷氏，年二十，無子，止二女，誓不再醮。家業蕭然，勸女紅，易粟養姑。姑歿，鬻衣珥，如儀以葬。承忠襲職，娶石氏，未幾亦卒。遺孤全遠，石亦守志十五年，以疾終。

國朝

陶門三節覺氏 大興縣民陶鸞妻。鸞早亡，覺年甫十八，遺子瓚，方襁褓，覺痛夫亡子幼，矢志守節。父母以其家貧無倚，婉勸再適，覺毅然謝曰：「是欲吾改嫁而喪名節也」。遂割左耳以示決絕。日紡績爲業，育孤成人，歷年七十有五。子瓚，娶李氏，生子守義。瓚故，李年僅二十五，剪髮絕食，誓以死殉。惧遺孤失養，始堅忍守志，撫孤以繼陶嗣。年七十八而卒。孫守義，娶王氏。義亦早亡，王年甚少，守節如姑，誓不改節。撫幼子承榮，日減食事姑，備極孝養。時姑李氏因痛子早逝，得重疾，王割股以瘳姑病。年七十三歲，卒。順治十三年，禮部題請，奉旨給銀各三十兩，自行建坊，以旌三世節孝之門。

高氏順天人，生員施民望妻也。年二十有五，夫亡，生子甫周歲，氏抱子倚棺五日，泣血不食。其姑諭以撫孤大義，氏乃自勉守孀。家甚貧，日課女紅，易百錢，上奉翁姑甘旨，下恤幼子衣食。拮据勤勞，靡間歲月。姑病，籲天願以身代。教子武科成名，其冰蘗之操，三十餘年如一日也。己酉，據公舉題請，詔旌其門。

李氏宛平人，適庠生史可模。甫三載，模卒，氏跪柩前，號泣五晝夜，期以死殉。迫於父母、孀姑之命，勉從飲食，奉姑唯謹。有謀娶之者，脅以危言，氏取利刃割耳截鼻，乃免。及姑病二次，皆割股以療。

馬氏密雲人，邵大成妻。年二十四，夫遘危疾，氏奉湯藥，祝神願以身代。及夫死，數欲自刎以殉，翁姑泣諭，令其撫孤。氏乃茹素，代夫養親，撫子成名。

任氏霸州人，贈按察使崔士瞻之妻。二十四，夫亡。苦節五十年。紳衿呈請，奉旨建坊旌獎。

王氏霸州人，趙慧文妻。性孝敬柔順，適慧未久，生一子，名京祖。甫能行，舅姑與夫俱喪。氏一一葬之如禮，茹苦以撫京祖，祖能成立，氏遂終。祖遵母訓，以武舉成名。康熙丙午，聞其事於學院蕭，給扁旌之。

李氏霸州人，年十四適郝俊爲妻。越九年，而夫亡。誓死靡他，過繼子女撫養如己出。子痘，晝夜不寐，并忘其食，易簪珥，市圖書翰墨，教子成名。苦節三十年，壽五十九。

烈婦

元

岳氏大都人。元末兵入城，岳氏告其夫徐猱頭曰：「我等恐被驅掠，可奈何？」夫曰：「事急矣，惟死耳。」氏遂火其居，與夫同赴火死。其母王氏及二女一子，皆抱持赴火死。

宋氏大都人。翰林學士裴之女。嫁永平王宗仁。永平被兵，夫婦被擄，有窺宋氏色美，欲害宗仁者。氏顧夫曰：「必不以身累君。」言訖，投井死。

李氏寨兒房山人，王世明妻。至正末，竹真軍至縣，李與女安奴皆被執，謂女曰：「與其受辱，寧死。」女曰：「母先殺我。」李即以軍所遺刀殺女，因自殺。竹真軍嘆而葬之。

劉氏翠奇房山李仲義妻。元末大饑，官兵執仲義，欲烹食之。劉氏奔救，伏地乞代，曰：「聞婦人肥黑者味美，願就烹。」

【[乾隆]醴泉縣志】卷六十　　五六三

元

照臨

聞者哀之。

明

李氏 玉田李淮之女。正德七年，流賊犯境，女年十七，被擄山中。欲污之，不屈，支解死。

李三姐 寶坻人，李堂女，十七歲。又李三姐，李欒女，十五歲。劉聰姐，劉韓女，十六歲。正德八年，流賊之亂，持刀逐三女，欲污之，俱不從，且厲聲罵之。賊怒，支解三女。

劉氏 文安人，適邑民李鑑。正德壬子，流賊掠之，悅其姿，曰：「汝不我從，必磔汝。」劉知不可脫，乃罵曰：「我誓不爲汝污，何不速殺我。」賊大怒，割腹流血，罵不絕口而死。

周氏 順天人，生員馮爾偃繼妻也。十七，歸馮。值夫多病，親視湯藥。居二年，夫卒，與孀姑劉氏兩世嫠居。撫前女甫四歲，無惜己出。癸未冬，鄉人以氏年逾五旬，呈請旌表，學院陳甫具題，敕部核實。值流寇之變，氏乃與貢生馮爾發女、生員馮爾妳妻于氏，同死之。

李氏 上林苑監丞朱家麟妻，巡撫宣府朱之馮母。戊寅冬，之馮任青州道，以賫表入京，寄家濟南公署。己卯正月，濟南遇變，李與媳馮氏誓

不辱身。城陷，馮趨井邊，李亦急往，欲同死之。馮以姑年老，必不至掠，可不死。乎家人扶姑泣訣，抱女投井而死。李憑井慟傷，左右欲扶匿民家，李曰：「即死，亦勿去公署。」抱幼孫危坐，絕粒六日而卒。部院上其節烈，特賜建坊旌表。　李氏、馮氏，俱加贈宜人。

張氏 大興進士梁以樟妻。性嚴潔，隨夫之任商丘，值流賊攻城，勢不可支，乃檢署中衣物及薪芻置樓下，集婢女於樓上，就縊畢，撫子燮曰：「汝父城守，命不可知。宗祀惟汝是賴。」囑乳媪携往匿民家，命家人揚才舉火，氏自縊焚死。邑人高其節烈，建祠於歸德府城南西隅。

章氏 大興人，福建汀州府知府金顯名妻，謚忠潔，兵部主事金鉉母。當賊薄都城時，鉉舉酒奉母，且涕且曰：「兒承父母訓，身當殉國，但不能盡孝於母。兒雖死，目不瞑也。」章曰：「吾兒爲臣死，忠孝孰大於是。我自有死所，令汝目瞑。」比城陷，鉉易公服，別母趨朝，章亟赴井死。鉉側室王氏亦投井死。

朱氏 大興人，府庠生曹紹勳母。流寇之變，與婦張氏同縊於室。

魏氏 府庠生王潔母。流賊破都，抱幼女與侄女四姐及侄女之庶母慈氏、婢梧鳳，同赴井死。

張氏 順天府庠生劉澤長母。甲申，流賊陷都，救夫死節。

李氏 大興人，焦乃康母。流寇破都，與婦李氏、長女及外孫女，同投井死。

北寇寶志彙四 《(乾隆)顺天府志》 卷八十

徐氏 順天府庠生李慕懸母。徐少寡，而慕懸爲遺腹子，徐以孀居蕭然，教養其子，補諸生。崇禎壬午，府丞梁雲構以貞節旌其門。甲申，流賊破都，徐率媳孫氏赴井死。

趙氏 大興人，錦衣衛指揮同知張元慶妻。值甲申流寇之變，三月十九日，率諸兒媳、孫女及媵婢輩共十三口，俱投入家園井中而死。

王氏 順天庠生孫灝妻也。性貞順，善事舅姑。甲申三月十九日，值寇陷京師，氏拜别舅姑曰：「年少婦人值亂離，惟有一死。」乃自縊，時年僅二十一。

劉氏 順天府學生錢裕國妻。流寇之變，與弟婦王氏自縊於室。

胡氏 府庠生王法母。流賊入都，自縊死。

梁氏 大興人，丙子舉人張繼盛妻。夫亡，誓死守節。冰蘖之操，人共仰之。值流寇陷城，對夫靈自縊而死。

朱氏 宛平人，錦衣王有禮妻。甲申三月十九日，流寇陷城，同妾韓氏、幼女投井死。

劉氏 宛平人，王有智妻。甲申三月十九日，流寇陷城，投井死。

張氏 宛平人，王乾所繼妻。流寇入城，率孀媳丁氏投井死。

包氏 宛平人，府庠生王有信妻。三月十九日，流寇陷城，投井死。

夏氏 府庠生何器妻。三月十九日，流寇陷城，自縊而死。

于氏 順天舉人曹家麟妻。夫死守節，值流寇入都，自縊死。

李氏 順天府庠生賀國輔妻。年二十，適賀，二載而夫亡。未霜自矢，曲奉翁姑三十餘年。甲申，年逾六旬，遭賊變，匍匐投河死。

楊氏 順天諸生毛公望妻。流寇薄都，公望奉母逊避，楊即許夫以死。值城破，楊同母洪氏、父妾王氏、三妹、一弟、一女、一婢，赴井死。

蕭氏 府庠生史舜典妻。流寇破都，縊死。

王氏 順天庠生劉世泰妻。流寇之變，同夫妹劉氏、鄰女王氏，同赴井死。

李氏 宛平縣人，本府生員夏時行妻。值甲申流寇之變，同小姑夏姐自縊死。

李氏 宛平人，鄒孔教妻。甲申三月，賊破外城，抱幼女同弟婦吴氏、僕婢輩共八口，投井而死。

王氏 宛平劉應龍妻也。年十六歸應龍，家貧，王氏以女紅佐事公姑。後應龍父子相繼而亡，姑媳孀居，氏事姑撫子，備極荼苦，二十年如一日。

北京圖志彙刊 【（乾隆）順天府志 卷六十】

值流寇入都，泣拜其姑曰：「留長孫奉侍，婦死志已決。」遂攜幼子投井，有先入者，尸横其下，水僅至腰，不得死。幼子喊救，氏以掌擊之，遂抵重淵而死。

牛氏二女子 順天學生牛應象女也。甲申寇變，年皆及笄，二女告父曰：「兒輩皆室女，安所避？」父曰：「吾不忍爲汝明言。」乃指一坎示之。二女子泣拜，投坎，遂生埋之。

戈氏處女 府庠生戈元凱妹。流寇破都，即偕未出嫁兩姑母及婢榮花赴井死。

陳氏 都人陳應選女。適馬。流賊破都，先振死其幼女，引刀自剄死。人稱其烈。

費氏 官人也。年十六，甲申寇變，投御井中。賊至，鈎出之，未死。賊群白李自成，以賞羅賊。費紿羅曰：「義難苟合，須擇吉成禮。」賊喜，置酒極歡，費偵其酣，以利刃斷其喉，立斃之。因自刎。

魏氏 官人也。流賊變，魏大呼諸官人曰：「賊入大内，我輩必遭污辱，宜早爲計。」遂蒙面投御河死。頃間從死者一二百人。

劉氏 固安人，知縣李鳳鳴妻也。年少，夫亡，守節撫孤。遇亂，矢不辱身，碎首斷項，腹破，刀箭痕遍體而死。題請建坊。同時牛氏者，夫被害，氏倒夫側不起，被刃傷孕而死。楊氏不辱，縊死。吕氏手批犯者之頰，被斷四肢而死。又女子六人，周大姐，賊拉之數四，不從，將髮挽馬槽，亂砍，仍斬其一足，死。馮大姐，

被殺死。傅二姐，投井死。李若樟三女，駡詈不從，被殺死。

張氏 安鄉伯張國柱女，順天庠生王良眉妻也。甲申流賊入京，懼掠失節，登樓自縊死。

流寓

漢

關羽 河東解人。尚義武勇，喜讀《左氏》。少寓涿郡，與昭烈、張飛誼同兄弟。及定巴蜀，拜前將軍，名震華夏。

唐

高崇文 其先自渤海徙幽州，七世同居。性樸重寡言，籍平盧軍，從韓全義，鎮長城。治軍有聲，屢官金吾將軍。劉闢反，杜黄裳薦其才，解梓潼圍。闢屯鹿頭山，崇文設奇擒之。

宋

吴激 建州人。工詩能文，字畫俊逸，得婦翁米芾筆法。後使於金，以知名被留。著《東山集》。

[注一]「欲」，原本為「厥」，據《元史》本傳改。

元

趙復　德，安人。元太子征江南，得之，遂與北上。楊惟中請建太極書院，延復為師。復錄朱、程書以教學者，河朔始知道學。稱「江漢先生」。

高克恭　字彥敬，其先西域人，籍房山。仕至刑部尚書，博學能文，善畫山水、梅竹，其筆法類米南宮，人稱之為「高房山」云。

耶律楚材　遼東丹王突欲之後，[注二]居燕。元太祖定燕，任以國政。凡七傳而生楚材，年十七，封廣寧，居相三十一年，書無不讀。……王，謚文正。

劉因　容城人。隱居房山，教授生徒。元召為集賢學士，不就。專心考亭之學，以靜為主。所著有《四書精要》《五經精義》及《文集》行於世。人稱「靜修先生」。謚文靖。

明

薛瑄　字子溫，河津人。洪武中，其父貞為玉田縣教官，生瑄，肌膚如水晶瓶，五臟皆見。家人怪，欲弃之，祖仲義止之曰：「體清聲宏，端坐如成人。此兒必大吾宗。」七歲，教以「小學」、「四書」，千百言過目成誦。不嬉戲，十歲能詩賦，時與貴卿耆儒講論諸子百家及天文地理之學，咸目之曰：「此子聰敏力行，可謂聖門有人矣。」後從父官，領河南解，舉進士，官至禮部侍郎，翰林院大學士。

北京舊志彙刊　【（康熙）順天府志】　卷之七　五九七

陳以見　字汝誠，福建福清人。貢入太學，中順天鄉試，與大城蔡如蕣、李笑，至談經史，則疊疊不倦，多所發明。尤長於古文詞，力追秦漢。已冬，狄令至縣，一見即器重之，率庠生三十餘輩以弟子禮執經受業焉。狄每公餘詣會所，談論常至夜分，甚喜諸生得所宗也。後以親老須祿養，乃筮仕同安教諭以去。

周遇吉　產於北鄙，為時良將。短悍善鬥，累官京營參將，遂家京師。偏裨，多紈袴子，聞吉言戰事，或錯愕，或非笑之。後總兵寧武關，同時流賊自晋之雲中，寧其衝也，與賊格殺，殲之甚多，以衆寡不敵，血戰而歿。

國朝

劉養貞　字念衡，四川人。清介博學。上疏陳言，一為崇禎帝發喪，以收人心。一開定鼎，以原官用。崇禎辛未進士，官兵部郎中。皇清九門進糧米，以接濟民生。後以疾卒於官。所著有《周易庭訓解》、《太極圖說》諸書。

隱逸

漢

田疇字子春，無終人。董卓遷帝長安，幽州牧劉虞遣疇展效臣節。比還，虞遇害，疇陳表哭祭虞墓，遁入徐無山中。後從操擊烏桓，以功封侯。欲引拜之，數四，終不受。

晉

霍原廣陽人。少力學，閉門授徒，不求榮仕。同郡劉岱將舉之，疾革，敕其子沉曰：「霍原有道士也，汝當薦之。」及沉仕司徒，徵原不起，後王褒辟賢良，累辭費就，世高其風。

唐

盧鴻字浩然。博學善書，隱嵩山，禮徵不就。屢詔促就道，至則謁見不拜，固辭還山。玄宗高之，賜草堂，歲給米絹，賜號「寧極先生」。李白有詩曰：「二盧徵不起，萬乘高其風。」

遼

張潛武清人。游學海内，精於《易》。性廉介，不樂仕，安貧樂道，鄉里稱其賢。有饋以瓜田者，辭不受，卒老於家。

金

王師楊大興人。隱崧山，博涉群書，以烟霞自娛。晚年默坐，若有所得者。卒之日，門生私謚「希顏先生」。

杜時昇霸州人。博學，知天文，察時事，語多奇中。隱於嵩洛山間。元初，屢聘不就。著述甚富。卒，贈魏郡公，謚文獻。

元

何失昌平人。負才能詩。至正間，名公交薦，以親老不就。揭傒斯詩贈云：「心事巢由上，文章陶阮間。」

明

謝表字國章。博學洽聞，不求仕進。以行誼高，鄉人亟稱之。嘉靖初，授散官，不出，閉户課兒。其子從寧起家秘書郎，著述博雅，蔚爲名流。足徵其家學云。

孫孝本字子烏，宛平人。業耕織，嗜詩書，尤好術學，著《梲易》一書，與吳宜僕友善。一日，與僕游薦至之泉，登丑華而寢，蕭然物外，人視之如仙也。卒，年七十。鄉紳王伯俞於其居建一坊，題曰「有明二逸人坊」。

仙釋

元魏

寇謙之昌平人。少遇异人，與游嵩華，食仙藥，遂隱嵩陽。始光中，召至闕。謙之一日謂弟子曰：「昨夢天使召我於中嶽。」遂羽化，有青氣如烟，從口中出，天半乃消，其體漸縮。後東郡沈猷見謙之在嵩山，身作銀色，光明如日，始知爲仙。

唐

靜琬姓氏、里居不可考。其師慧思大師，發愿刻石藏閟，封嚴壑中，以度人劫。琬承師意，遍訪名勝，至燕涿鹿山之北白帶山，見峰巒靈秀，遂采石造十二部石經，自隋大業，迄唐貞觀，「大涅槃經」成。是夜，山吼，生香樹三十餘本，六月，木漲，忽浮大木千統至山下，因構雲居寺。明皇第八妹金仙公主增修之。今香樹林後琬塔存焉。

邊洞元涿人。幼於紫陽觀修行，後白日上升，唐明皇有《御製碑記》。

薛昌薊人。登進士，天寶間栖止於蜀之青城洞天。忽得商陸酒，飲之死。經三日，蹷然而蘇，身輕目明，勢欲飛舉，洞見遠近。節度使延至賓館，忽失所在。

惠能即盧行者，范陽人。聞五祖在黃梅，乃從之，爲其役使。五祖欲令寺僧作偈，上座神秀曰：「身是菩提树，心如明鏡臺。時時勤拂拭，莫遣有塵埃。」能方舂米，亦書一偈曰：「菩提本無树，明鏡亦非臺。本來無一物，何處惹塵埃。」五祖見之，潛付衣鉢。後爲六祖，賜號「大鑒」禪師。

酈希誠〔注一〕號太玄真人，嬀川水峪人。降日，祥光滿室。至元初，闡教山東，其師毛君召來燕，遂承其法。在房山縣西南五十里，賴建隆陽宫居之，年逾期頤，忽失所在。

遼

常在重熙間，於寶坻城南渠水之陰建彌陀舍，結廬於傍，真心入道。後趺坐而化，茶毘之日，身不可毀。僧徒以其身立於佛側，髮再生焉，逾月則削之。後爲婦人手摩其頂，髮遂不生。

〔注一〕酈希誠爲元代道士，不應放在唐代。

金

梅志仙 檀州人。戒行嚴峻，修道黑山三十餘年，遂能出神。遠游郡國，人莫能測。居有無根柏樹一株，使其徒栽之，立見茂盛。卧於石岩，浹辰不食，虎馴擾其側，年九十餘，端坐而化。後有人在他郡見之，知其仙化云。

丘處機 字通密，皇統戊辰正月十九日生，有日者相之曰：「神仙宗伯。」年十九，辭親，居崑崙，謁重陽王真人，請爲弟子。道成，金世宗手詔致聘，延問至道。處機以「治尚無爲，天道惡殺」爲對，賜號「神仙」，爵大宗師，賜金印曰「神仙符命」，掌管天下道教。尋乞還終南。元太祖請作醮事，焚簡飛空，五鶴翔舞。詔居大都太極宫，賜虎符，封長春演道教主真人。年八十，時北山口崩，太液池竭，處機曰：「其在我乎。」留誦而逝。

元

岳真人 涿人。其母梦老人皓髮長髯，冠劍端偉，告之曰：「今當寄母家矣。」明日，州人見西北有青氣自天而下奔，往視之，止於岳家，真人乃生。自幼不嗜酒肉，長即辭親學道，師事太玄真人，得其秘傳。至元中，封崇元廣化真人。大德初，升仙而去。

張道寬 出東安州人。壯嬰危疾，一夜梦神人授以符咒，且語之曰：「北去結緣呼奴山。」既寤，疾皆愈，遂訪至順州，得呼奴山，館焉，號「白雲」。無何，疫癘大作，寬依法咒果實，令病者食之，立愈。遠近謁者日千百計。東平王苦瘍，敕召寬至，頓痊。榮以殊典，賜號「通太」。師卒，葬於館西壁下，至今居民疾病，禱多靈應，呼爲「聖師傳」云。

洪源 潁州人。幼聰秀，夜夢釋迦佛自上而降，入坐堂中，口誦《法華經》，洪源敬仰，久之而寤，遂辭父母出家。初居西峰寺，後挂錫靈巖院。一日出游，眠於沙灘上，有虎繞其身，至曉而去，人皆异之。

曇無竭〔注一〕姓李，幽州人。幼修苦行。嘗聞法顯等躬踐佛國，乃慨然歷至罽賓國，禮學梵書語，得《觀世音受記經》。又西入月氏、天竺，惟賷石蜜爲糧，後隨舶泛海，達廣州而歸。不知所終。

長春真人 至元丁亥，駐於長春宫，〔注二〕號長春真人。燕京東諸帥執弟子禮，請醮於盤山棲雲觀。隊仗過平谷，飯於城東獨樂莊之延祥觀。中有一柏，歲久了無生意，真人起而捫之，嘆云：「可惜，可惜。」明年歷春及夏，其柏鬱茂如故。

明

道衍 俗名姚廣孝，長洲人。性情冲澹，器宇恢弘。初學佛，潛心内典，旁通於儒。洪武中，僧宗泐舉至京師，太祖异之，命往慶壽寺，留事成

〔注一〕以下爲曇無竭事迹，曇無竭非元朝人。

〔注二〕長春真人爲元太祖時人，至元丁亥時早已死去，不可能「駐於長春宫」。

北京图志叢刊 【順天府志】卷八十

祖。及靖難兵起，出入帷幄，啓沃良多。爵榮禄大夫、上柱國、榮國公，辭歸山林，隱於太湖華巖寺。恩賜幽光古刹。永樂十六年，朝於北京，仍居慶壽寺，屢蒙顧問，年八十四，卒於房山東北四十里石府林東原。建塔葬焉。謚恭靖，有《御製碑記》。

僧知壽 字松巖，宛平人。姓吕氏，幼師壽慶寺專禪師，〔注一〕學浮圖法，去游齊河，建定慧寺，遂主之。靖難兵起，壽朝見成祖，請從軍自效，遂募兵五千，號敢勇忠孝軍。躍馬横刀，所向有功，累升都指揮。靖難兵罷，繳還欽賜，請返僧服，同道衍住慶壽寺，爲副都綱。遷南京右覺義、右講經，住持能仁、雞鳴、天禧三寺。永樂九年，母馬氏卒，追封都督夫人，賜墳地及葬錢甚優。住持慶壽寺。十七年九月，無疾端坐而逝，异香滿室。成祖爲文致祭，起塔葬之。殆與少師姚廣孝出處相類，亦一异人也。

痴呆子 姓陳，福建人。永樂中，至房山隆陽宫修真，後入武夷山，遇至人，授金丹秘訣。宣德初，長春劉真人賜號「風便」，居恒如醉，信口出辭，不越乎道。年八旬，貌若嬰兒，常懸鐵牌於胸，驅役雷霆，人稱之曰「鐵牌陳」。

明陽 萬曆中，自伏牛入京。平生苦行，嘗匝月不食，日飲水數升，持之五年，衆號曰「水齋」。自孩幼，好搏桑天地，出家慈氏寺，二十年不衽不履，跣行至五臺，足膝血流，罔恤也。遍歷普陀、峨眉諸名勝，連燃三指，以供三大士。李太后聞而創寺居之，賜額「長椿」，賜紫衣金頂者三。年八十餘，端坐宣偈而寂。太僕米萬鍾爲之傳，勒諸石。

〔注一〕「壽慶」二字，當爲「慶壽」二字之誤。

北京曾志萃编（惠照）顺天神志 卷六十 六○一